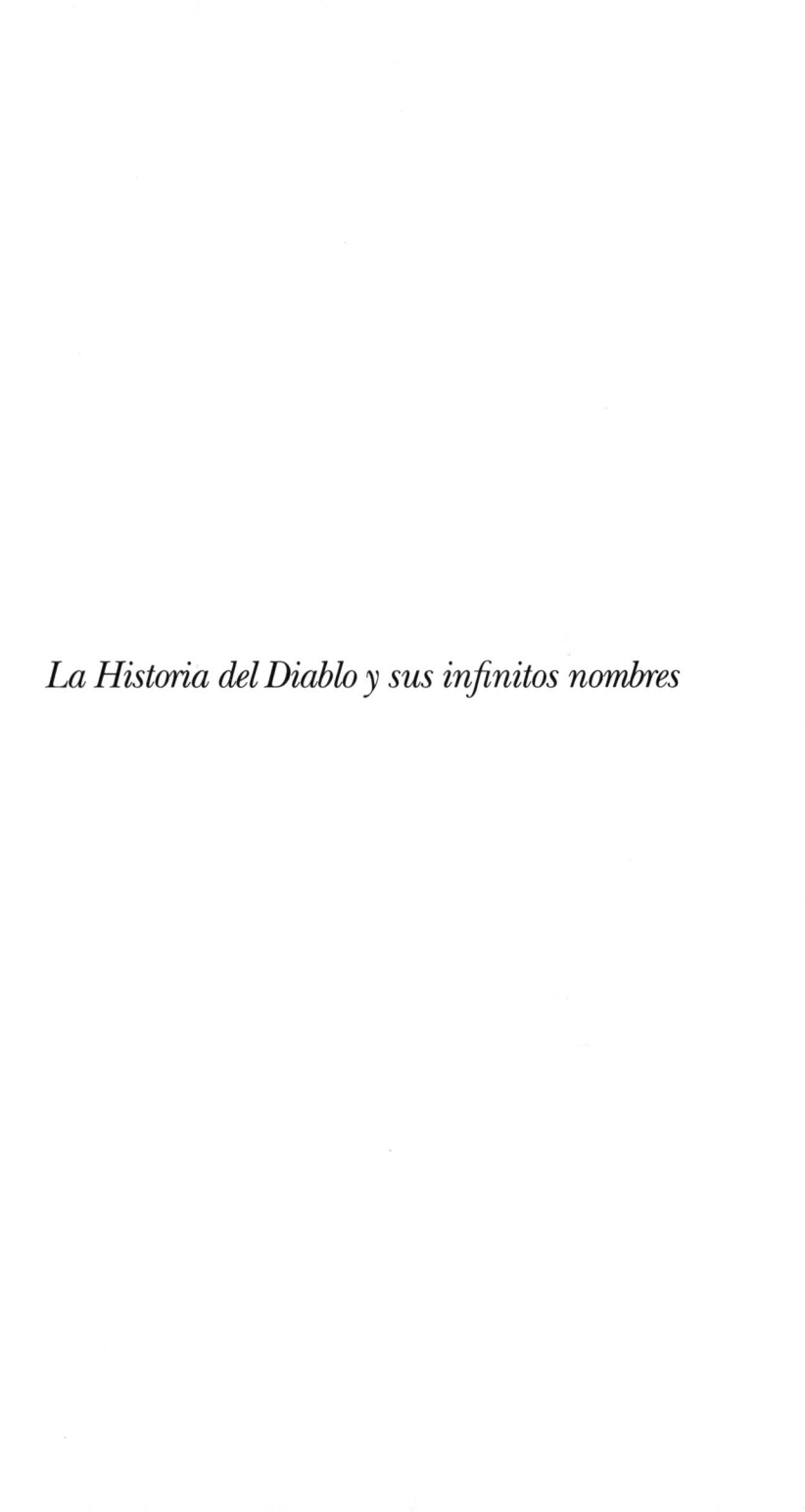

La Historia del Diablo y sus infinitos nombres

colección

TABLA
ESMERALDA

La Colección Tabla Esmeralda es mucho más que una serie de libros: es una invitación a descubrir tu poder interior y a explorar los secretos más ocultos del universo. A través de una selección exquisita de obras emblemáticas en los campos del esoterismo, la autoayuda y el pensamiento espiritual, esta colección está pensada para aquellos que buscan expandir su conciencia y comprender los misterios que han fascinado a la humanidad desde tiempos ancestrales.

Cada libro te guiará en un viaje profundo hacia el conocimiento místico y el desarrollo personal, ayudándote a desentrañar los enigmas que rodean la existencia humana y a conectar con el poder transformador de la mente y el alma. Si sientes el llamado de lo desconocido, si anhelas descubrir verdades ocultas y elevar tu ser a nuevas dimensiones, la Colección Tabla Esmeralda es el compañero perfecto en tu búsqueda espiritual.

LUCÍA FABRA

LA HISTORIA DEL
DIABLO
Y SUS INFINITOS NOMBRES

ALCARAZ
EDICIONES

© Alcaraz Ediciones, 2024
© Lucía Fabra, 2024

Tr.ª Sierra de Gata, 5
La Poveda (Arganda del Rey)
28500 - Madrid
Teléf.: (+34) 910 46 54 33
e-mail: info@alcarazediciones.es
https://alcarazediciones.es

I.S.B.N.: 979-13-87586-18-8
Depósito Legal: V-4690-2024

Diseño y maquetación: Iván García Molinero
Printed in Spain / Impreso en España

ÍNDICE

INTRODUCCIÓN

1.1. Presentación

El diablo, también conocido como Satanás, Lucifer o Belcebú, ha sido una figura fascinante y aterradora a lo largo de la historia de la humanidad. Desde los primeros mitos y religiones hasta las representaciones modernas en la cultura popular, su presencia ha estado vinculada a la lucha entre el bien y el mal, el castigo divino, y los deseos oscuros que habitan en el ser humano. Esta obra se adentra en la historia del diablo, desde sus orígenes más remotos hasta su representación contemporánea, explorando su impacto en las distintas culturas, religiones y formas de arte.

1.2. Objetivos y alcance del libro

Este libro tiene como objetivo principal ofrecer una visión amplia y profunda de la evolución del concepto del diablo y de las múltiples interpretaciones que ha recibido a lo largo del tiempo. Desde las antiguas civilizaciones de Mesopotamia y Egipto, pasando por las tradiciones judeocristianas, hasta su representación en el arte medieval y la literatura moderna, el diablo ha adquirido múltiples nombres y rostros. Asimismo, se analizará cómo esta figura ha sido utilizada para explicar el mal en el mundo y cómo ha influido en la construcción de la moral y la ética en diferentes sociedades. El lector encontrará en estas páginas una exploración rigurosa de las fuentes históricas, religiosas y culturales que han dado forma a esta compleja figura.

1.3. Metodología de la investigación

Para desarrollar este estudio, hemos recurrido a una metodología interdisciplinaria que combina el análisis histórico, teológico, literario y antropológico. Las fuentes primarias incluyen textos religiosos, crónicas medievales y relatos folclóricos, mientras que las fuentes secundarias abarcan investigaciones académicas, ensayos críticos y estudios iconográficos. A lo largo del libro se contrastarán las distintas interpretaciones que cada cultura ha dado al diablo, así como las corrientes filosóficas que han buscado explicar la naturaleza del mal y su personificación. Cada capítulo estará documentado con citas y referencias bibliográficas para ofrecer al lector una investigación bien fundamentada.

1.4. Estructura del contenido

El libro se divide en cinco partes, cada una dedicada a un aspecto específico de la historia del diablo. La primera parte se centrará en los orígenes del concepto del mal en las primeras civilizaciones y en las tradiciones religiosas más antiguas. La segunda parte explorará la figura del diablo en el cristianismo, desde las escrituras hasta la teología de los Padres de la Iglesia y la Edad Media. La tercera parte abordará los múltiples nombres y rostros que ha adoptado esta figura en distintas culturas y religiones alrededor del mundo. En la cuarta parte, se analizarán las representaciones artísticas y literarias del diablo, y en la quinta parte, se estudiará su influencia en la era moderna, incluyendo la psicología, el cine y la cultura digital. Finalmente, el libro concluirá con una reflexión sobre el impacto contemporáneo de esta figura y su relevancia en la sociedad actual.

PARTE I: ORÍGENES Y CONCEPTUALIZACIÓN DEL DIABLO

Capítulo 1: El Mal en las Primeras Civilizaciones

1.1. Dualismo en Mesopotamia: dioses y demonios

En la antigua Mesopotamia, considerada la cuna de la civilización y del pensamiento religioso complejo, las fuerzas del bien y del mal no se concebían de manera dicotómica como en las tradiciones posteriores, sino en términos de un delicado equilibrio cósmico. En esta región, el dualismo no establecía una separación absoluta entre lo bueno y lo maligno, sino que los dioses podían personificar aspectos tanto benévolos como destructivos. Según *Jean Bottéro*, destacado asiriólogo francés, «los dioses mesopotámicos, aun siendo protectores, podían desatar la ira divina, la sequía, las plagas o la guerra, como castigos por las faltas humanas» (*Bottéro, J. [1992]. Mesopotamia: Escritura, razonamiento y los dioses*).

Entre los demonios mesopotámicos, sobresale *Pazuzu*, el rey de los demonios del viento, conocido tanto por su capacidad de traer enfermedades y plagas como por su papel protector, especialmente contra la temida demonio femenina *Lamashtu*. Su iconografía —con cabeza de león, garras afiladas y alas— simbolizaba su naturaleza ambivalente. Como *Samuel Noah Kramer* señala: «Pazuzu era tanto una amenaza como un protector; su invocación y la utilización de su imagen como amuleto revelan el temor y la esperanza de las sociedades antiguas» (*Kramer, SN [1963]. The Sumeries: Their Historia, cultura y carácter*).

El dualismo en Mesopotamia se refleja también en las mitologías sobre el *Enuma Elish*, el mito de la creación babilónica, en el cual Marduk derrota a Tiamat, la personificación del caos acuático. Este relato representa la eterna lucha entre el orden (representado por Marduk) y el caos (Tiamat), una metáfora primigenia de la confrontación entre el bien y el mal en la cosmogonía mesopotámica.

1.2. Ambientada en la mitología egipcia: el caos personificado

La figura de *Set*, dios del desierto, las tormentas y la discordia, es una de las más complejas y fascinantes del panteón egipcio. Desde las primeras dinastías, Set fue adorado en regiones como Ombos, donde su poder sobre las fuerzas del caos era visto como necesario para el equilibrio cósmico. No obstante, a medida que la historia avanzaba, Set fue cada vez más asociado con el mal absoluto, especialmente a raíz del *Mito de Osiris*, en el cual Set asesina a su hermano Osiris, dios de la regeneración, y se convierte en el antagonista. de su hijo, Horus. Este mito es una de las representaciones más antiguas del mal fratricida, y, según *Plutarco*, «*Set* no solo simboliza la violencia destructiva, sino también el desorden moral y el colapso del orden cósmico» (*Plutarco, De Iside et Osiride, 45 CC*).

En el mito, Horus derrota finalmente a Set, restaurando el orden en el mundo, lo que refleja la creencia egipcia en el triunfo del bien y de la *Maat* (orden cósmico y justicia) sobre el caos. No obstante, Set nunca fue completamente erradicado de la mitología egipcia. *Jan Assmann*, experto en religiones del antiguo Egipto, argumenta que «Set encarna la ambigüedad del mal: es destructor, pero a la vez necesario para que el orden tenga sentido; es el otro lado de la misma moneda» (*Assmann, J. [2001]. "La búsqueda de Dios en el Antiguo Egipto"*).

Set también fue vinculado al extranjero ya lo extraño, personificando las amenazas que provenían del desierto y de tierras más allá del mundo conocido, lo cual refleja cómo las civilizaciones antiguas proyectaban sus miedos externos en figuras divinas.

1.3. Los espíritus malignos en la cultura sumeria

La cultura sumeria, que floreció en el sur de Mesopotamia, desarrolló una rica tradición de espíritus malignos que eran responsables de desatar el mal en la vida cotidiana. Estos espíritus, conocidos como *utukku* o *gidim*, acechaban en los lugares oscuros y apartados, y su propósito era causar sufrimiento, enfermedad y muerte. A diferencia de los demonios mesopotámicos más estructurados, estos espíritus eran entidades independientes, muchas veces relacionadas con el alma errante de los muertos no enterrados adecuadamente. Como explica *Thorkild Jacobsen*, «la creencia en los espíritus malignos era omnipresente en la religión sumeria, donde las desgracias humanas se atribuían a seres invisibles que existían en el umbral entre el mundo de los vivos y los muertos» (*Jacobsen, T. [1946]*). *"La lista de reyes sumerios"*).

Uno de los espíritus más temidos era *Lamashtu*, una figura demoníaca femenina que atacaba a las madres durante el parto ya los recién nacidos. *Lamashtu* era descrita con un aspecto aterrador: cabeza de león, cuerpo de burro y, alas, lo que acentuaba su carácter monstruoso. En los textos rituales, se menciona a *Lamashtu* como responsable de la muerte súbita infantil y las complicaciones durante el embarazo. Para los sumerios, la existencia de seres como *Lamashtu* representaba el desorden y el peligro siempre latentes en un mundo donde la vida y la muerte eran inseparables.

La protección contra estos espíritus era una preocupación constante. Las tablillas sumerias de exorcismo y amuletos invocaban a dioses benevolentes como *Ea* para contrarrestar el poder de los demonios. Un famoso amuleto sumerio encontrado en *Nippur* representa a *Pazuzu* como protector contra *Lamashtu*, lo que refleja la idea de que el mal podía combatirse con las propias herramientas del mal. Según *WG Lambert*, «las figuras demoníacas sumerias servían tanto para explicar las desgracias inexplicables como para reafirmar la necesidad de mantener el orden cósmico mediante rituales y ofrendas» (*Lambert, WG [1967]. "Ancient Mesopotamian Religion: The Central Concerns"*).

Capítulo 2: El Adversario en la Tradición Hebrea

2.1. El término «Satán» en el Antiguo Testamento

En la tradición hebrea, el concepto de Satán tiene sus raíces en el Antiguo Testamento, donde inicialmente no representa una figura maligna absoluta, sino más bien un adversario o acusador designado por Dios para poner a prueba la fe y la moral de los seres humanos. La palabra hebrea שָׂטָן (satán) se traduce literalmente como «adversario» o «acusador» y aparece por primera vez en un contexto judicial y militar, sin la connotación de un ser maléfico independiente.

Uno de los primeros ejemplos del uso de la palabra *Satán* aparece en *Números 22:22*, cuando el ángel del Señor actúa como un «adversario» para el profeta Balaam: "Y la ira de Dios se encendió porque él iba, y el ángel de Yahvé se puso en el camino como adversario (Satán) contra él". En este contexto, el término «Satán» no se refiere a una entidad malvada, sino a una fuerza enviada por Dios para bloquear o desafiar el camino de Balaam. Esta noción se confirma en *1 Reyes 11:14*, donde el rey Salomón encuentra resistencia en un enemigo, llamado «adversario» o «Satán».

Henry Ansgar Kelly, en su estudio sobre la figura de Satán, señala que «en los primeros textos bíblicos, Satán no es el maligno, sino una figura subordinada a Dios que ejecuta la justicia divina y pone a prueba a los seres humanos» (*Kelly, HA [2006]. "Satanás: Una biografía"*. Es importante entender que en esta fase, *Satán* no actúa de forma independiente, sino como un funcionario divino que cumple con un papel necesario en la relación entre Dios y la humanidad.

2.2. El libro de Job: prueba y tentación

Es en el *Libro de Job* donde el personaje de Satán adquiere mayor relevancia en la tradición hebrea. En este relato, Satán no es el enemigo absoluto de Dios, sino más bien un miembro del séquito celestial encargado de poner a prueba a los justos. En *Job 1:6-12*, se relata cómo Satán dialoga directamente con Dios, cuestionando la fidelidad de Job y proponiendo una serie de pruebas para determinar si su fe es genuina: «Respondió Yahvé a Satán: ‹He aquí, todo lo que tiene está en tu mano; solamente no pongas tu mano sobre él› Y salió Satán de delante de Yahvé» (*Job 1:12*).

Aquí, Satán se convierte en el fiscal del tribunal divino, cuestionando si Job, considerado el hombre más justo de su tiempo, mantendría su fe si se le quitara todo lo que poseía. *Elaine Pagels*, en su obra *The Origin of Satan*, explica que en el libro de Job, «Satán es más un abogado del diablo que un opositor a Dios; su papel es retar y probar la integridad de los fieles para verificar si son verdaderamente devotos».

A través de las pruebas que enfrenta Job, el texto explora temas teológicos fundamentales como el sufrimiento humano, la justicia divina y la naturaleza del mal. Aunque Satán es el causante directo del sufrimiento de Job, lo hace con la autorización de Dios, lo que subraya que, en esta fase de la tradición hebrea, Satán no actúa como una figura rebelde opuesta a la divinidad, sino como un servidor encargado de Probar la fe y la resistencia moral del hombre.

2.3. La evolución del mal en el judaísmo post-exílico

Con el regreso del pueblo hebreo del exilio en Babilonia (siglo VI aC), se produce una transformación importante en la teología hebrea. Influencias extranjeras, en particular el dualismo del *zoroastrismo* persa, comienzan a impactar en la visión judía del bien y el mal. En este contexto, Satán empieza a evolucionar hacia una figura más autónoma y malévola, separándose de su papel inicial como agente de Dios.

El zoroastrismo, una religión monoteísta predicada por el profeta Zoroastro en Persia, introduce la noción de una lucha cósmica entre el bien, representado por *Ahura Mazda*, y el mal, encarnado por *Angra Mainyu* o *Ahriman*. Este dualismo tuvo un profundo impacto en las creencias hebreas, ya que durante el período post-exílico y en los libros más tardíos del Antiguo Testamento, Satán comienza a adquirir características que lo asemejan a la figura de Ahriman: un ser con voluntad propia que se oponerse activamente a los planos divinos.

Un ejemplo claro de esta evolución se encuentra en *Zacarías 3:1-2*, donde Satán aparece como un acusador frente al sumo sacerdote Josué, y Dios interviene para reprenderlo: «Y me mostró al sumo sacerdote Josué, el cual estaba delante del ángel de Yahvé y Satán estaba a su mano derecha para acusarle Y dijo Yahvé a Satán: ‹Yahvé te reprenda, oh Satán›». En este pasaje, Satán ya no es un sirviente fiel, sino un adversario activo que desafía la autoridad divina.

Durante este período, también se produce un desarrollo teológico importante en textos apócrifos y pseudopigráficos, como el *Libro de Enoc*, donde Satán y otros ángeles caídos, conocidos como *nefilim*, son presentados como responsables de la corrupción del mundo y del mal que se desata sobre la humanidad. *Gershom Scholem*, en su análisis sobre la mística judía, sostiene que «la influencia de los mitos de ángeles caídos y la creciente demonización de Satán refleja una transición en el judaísmo, donde el mal comienza a ser visto como una fuerza independiente de la voluntad divina». (*Scholem, G. [1973]. Gnosticismo judío, misticismo Merkabah y tradición talmúdica*).

Este capítulo ilustra la evolución de la figura de Satán en la tradición hebrea, desde su papel inicial como un adversario subordinado en el Antiguo Testamento hasta convertirse, en el período post-exílico, en un símbolo de la autonomía del mal y la corrupción moral. Las influencias externas, como el dualismo persa, contribuyeron a transformar esta figura en la poderosa representación del mal que más tarde influiría en las tradiciones cristianas y musulmanas.

Capítulo 3: Influencias Persas y el Zoroatrismo

3.1. Ahura Mazda y Angra Mainyu: luz y oscuridad

El zoroastrismo, una de las religiones más antiguas del mundo, predicada por el profeta Zoroastro (también conocido como Zaratustra) en Persia alrededor del siglo VI aC, establece un dualismo radical entre las fuerzas del bien y el mal. En el centro de esta doctrina están las dos principales figuras cósmicas: *Ahura Mazda*, el dios de la luz y la verdad, y *Angra Mainyu* (o Ahriman), la personificación de la oscuridad y el mal.

Ahura Mazda es considerado el creador supremo, el dios benevolente y todopoderoso que encarna el orden y la justicia en el universo. Por otro lado, *Angra Mainyu*, su antítesis, representa las fuerzas del caos, la mentira (*druj*) y la destrucción. A diferencia de las tradiciones religiosas anteriores, en las que las deidades malignas eran vistas como subordinadas o controladas por las divinidades principales, en el zoroastrismo, *Angra Mainyu* tiene un papel mucho más autónomo e independiente. Es el archienemigo de *Ahura Maz-*

da y su único objetivo es subvertir el orden cósmico que este ha creado.

El dualismo que introduce Zoroastro es radical, ya que establece una clara distinción entre el bien y el mal, con una guerra cósmica continua que afecta tanto al universo como a los individuos. El conflicto entre la luz y la oscuridad, el orden y el caos, es fundamental para la cosmovisión zoroástrica, y esta batalla tiene implicaciones directas en la vida moral de las personas. Los seguidores de *Ahura Mazda* están llamados a luchar por la verdad, la justicia y la pureza, mientras que aquellos que siguen el camino de la mentira y la corrupción están bajo la influencia de *Angra Mainyu.*

Según *Mary Boyce*, una de las principales expertas en zoroastrismo, «el dualismo zoroástrico no solo proporciona una estructura moral para la conducta humana, sino que también sitúa a los humanos como agentes clave en la batalla cósmica entre Ahura Mazda y Angra Mainyu, dotando así a la vida terrenal de un significado trascendental» (*Boyce, M. [1979]. Zoroastrians: Their Religion Beliefs and Practices*).

3.2. El impacto del dualismo persa en el pensamiento hebreo

Con la conquista de Babilonia por el rey persa Ciro el Grande en el 539 aC, el pueblo judío, que había estado en el exilio, fue liberado y tuvo la oportunidad de regresar a su tierra natal. Este contacto directo con la cultura persa durante el exilio y el período posterior a él introdujo importantes influencias en el pensamiento hebreo, particularmente en lo que respeta a las concepciones del bien y el mal, el juicio final y la figura de un adversario cósmico.

Antes de esta interacción con el zoroastrismo, el concepto hebreo del mal, representado por figuras como *Satán*, no tenía las connotaciones dualistas tan marcadas. Sin embargo, tras el exilio, los textos judíos comienzan a reflejar un enfoque más polarizado, donde el bien y el mal se enfrentan en una batalla cósmica. El mal ya no es simplemente una herramienta en manos de Dios, sino que empieza a adquirir una mayor independencia. Este cambio se puede observar en textos posteriores del judaísmo, como el *Libro de Enoc* y el *Libro de Daniel*, que presentan una visión más dualista del universo, similar a la que encontramos en el zoroastrismo.

Gershom Scholem destaca que «el contacto con el zoroastrismo permitió la introducción de ideas persas en el pensamiento judío, lo que contribuyó a la creciente demonización de Satán y al desarrollo de una escatología dualista en la literatura judía post-exílica» (*Scholem, G. [1973]. Gnosticismo judío, misticismo Merkabah y tradición talmúdica*. Este cambio es notable en la forma en que los escritos apocalípticos judíos empiezan a presentar una batalla cósmica entre las fuerzas de la luz y las de la oscuridad, con un juicio final en el que los malvados serán castigados y los justos recompensados.

La influencia del zoroastrismo en el pensamiento hebreo no se limitó solo a la figura del adversario. La noción de una lucha continua entre dos principios opuestos —verdad y mentira, luz y oscuridad— se volvió un componente central del pensamiento judío posterior, y es en este contexto donde la figura de Satán comienza a adquirir un papel más maligno y autónomo, alineándose con las características de *Angra Mainyu*.

3.3. Conceptos de juicio final y resurrección

El zoroastrismo introdujo un concepto escatológico que resultaría profundamente influyente en el judaísmo y, posteriormente, en el cristianismo y el islam: la idea de un juicio final y la resurrección de los muertos. Según las enseñanzas de Zoroastro, el universo tendrá un fin en el que *Ahura Mazda* triunfará sobre *Angra Mainyu*, y todos los seres humanos serán juzgados en función de sus acciones durante la vida. Aquellos que hayan seguido el camino de la verdad serán recompensados con la inmortalidad, mientras que los malvados serán castigados.

Este concepto del juicio final, llamado *Frashokereti* en la tradición zoroástrica, implica la purificación del mundo y la restauración del orden original. Los muertos resucitarán, y la humanidad se unirá en un estado de perfección espiritual y física. Los textos zoroástricos describen cómo los justos caminarán por un río de metal fundido, que para ellos será como agua fresca, mientras que los malvados serán quemados y purificados por el fuego (*Yasht 19.11-12*).

Estas ideas tuvieron un impacto directo en el judaísmo post-exílico, donde las nociones de un juicio final y la resurrección de los muertos comenzaron a tomar forma, especialmente en los libros apocalípticos. El *Libro de Daniel*, uno de los textos más influyentes del judaísmo tardío, presenta una clara visión de la resurrección y el juicio final: «Muchos de los que duermen en el polvo de la tierra serán despertados, unos para vida eterna, y otros para vergüenza y confusión perpetua» (*Daniel 12:2*).

El concepto de la resurrección en el judaísmo post-exílico, al igual que la noción del juicio, refleja la influencia directa de las enseñanzas zoroástricas. Según *James Barr*, «la idea del juicio final y la resurrección se desarrolló en el pensamiento judío en paralelo a la interacción con el zoroastrismo, proporcionando un marco más definido para el destino de las almas después de la muerte» (*Barr, J.* [2006] *El concepto de teología bíblica: una perspectiva del Antiguo Testamento*).

PARTE II: EL DIABLO EN LA TRADICIÓN CRISTIANA

Capítulo 4: El Diablo en el Nuevo Testamento

4.1. Las tentaciones de Jesús en el desierto.

Uno de los momentos más significativos en la representación del diablo en el Nuevo Testamento es el relato de las tentaciones de Jesús en el desierto, narrado en los Evangelios de Mateo (*Mateo 4:1-11*), Marcos (*Marcos 1:12-13*) y Lucas (*Lucas 4:1-13*). En este episodio, Satanás aparece como el tentador que intenta desviar a Jesús de su misión divina al ofrecerle poder, riquezas y la posibilidad de evitar el sufrimiento.

El relato comienza cuando, después de su bautismo en el río Jordán, Jesús es «llevado por el Espíritu al desierto» (*Mateo 4:1*), donde ayuna durante cuarenta días y cuarenta noches. En este estado de vulnerabilidad física, Satanás se le aparece con tres tentaciones. La primera es un desafío a la autoridad divina: «Si eres Hijo de Dios, di que estas piedras se convertirán en panes» (*Mateo 4:3*). Jesús responde citando las Escrituras, refutando la tentación con la afirmación de que «no solo de pan vivirá el hombre, sino de toda palabra que sale de la boca de Dios» (*Mateo 4:4*).

La segunda tentación lleva a Jesús al pináculo del templo, donde Satanás lo desafía a lanzarse al vacío, sugiriendo que los ángeles de Dios lo protegerán. Aquí, el diablo usa las Escrituras para apoyar su tentación, citando el *Salmo 91:11-12*. Jesús responde nuevamente con las Escrituras: «No tentarás al Señor tu Dios» (*Mateo 4:7*).

La tercera y última tentación ofrece a Jesús el control sobre todos los reinos del mundo a cambio de adoración a Satanás. La respuesta de Jesús es contundente: «Al Señor tu Dios adorarás y solo a Él servirás» (*Mateo 4:10*). Esta secuencia de tentaciones muestra no solo el poder de Satanás para intentar desviar incluso al Hijo de Dios, sino también la importancia de la resistencia espiritual y la obediencia a la voluntad divina.

Este episodio es clave en la teología cristiana porque revela el papel de Satanás como el adversario directo del plan divino y refuerza la imagen del diablo como el tentador universal. *Friedrich Schleiermacher* lo considera «una ilustración simbólica de la lucha constante entre el reino de Dios y el reino del mal, donde Jesús triunfa sobre las tentaciones del poder y la autocomplacencia» (*Schleiermacher, F. [1830]. The Christian Faith*).

4.2. Exorcismos y demonios en los Evangelios

Otro aspecto esencial del diablo en el Nuevo Testamento es su relación con los demonios y las posesiones, especialmente a través de los numerosos exorcismos que Jesús realiza durante su ministerio. En los Evangelios, los demonios son agentes del mal que poseen a los humanos, causando enfermedades físicas y mentales, y su liberación a través de los exorcismos de Jesús subrayan su poder sobre las fuerzas del mal.

Uno de los exorcismos más conocidos es el relato del endemoniado de Gerasa (*Marcos 5:1-20, Lucas 8:26-39*). En este episodio, Jesús se encuentra con un hombre poseído por múltiples demonios que hacen llamar «Legión». Los demonios reconocen a Jesús como el Hijo de Dios y, temerosos de ser enviados al «abismo», le suplican que los deje entrar en una piara de cerdos cercana. Jesús accede y los demonios entran en los animales, que luego se precipitan por un acantilado hacia el mar.

Este exorcismo es particularmente significativo por varias razones. En primer lugar, los demonios reconocen inmediatamente la autoridad divina de Jesús, lo que refuerza su poder sobre el mal. En segundo lugar, la mención del «abismo» sugiere la existencia de un lugar de castigo reservado para los demonios, un concepto que más tarde se desarrollará en la escatología cristiana. Finalmente, el acto de liberar al hombre de la posesión demoníaca es un símbolo del poder redentor de Cristo, que libera a la humanidad del dominio del mal.

En otros relatos, como el de la curación del niño epiléptico poseído por un espíritu mudo (*Marcos 9:14-29*), Jesús no solo expulsa a los demonios, sino que también enseña a sus discípulos sobre la importancia de la fe y la oración. como herramientas para combatir las fuerzas malignas. Estos episodios reafirman la misión de Jesús como el Mesías que trae la liberación y el triunfo sobre las potencias oscuras del mundo.

Joachim Jeremias señala que «los exorcismos en los Evangelios tienen un significado teológico profundo: representan la irrupción del Reino de Dios, que desplaza el poder de Satanás y sus demonios» (*Jeremias, J. [1971]. New Testament Theology*).

4.3. El Apocalipsis y la representación del Dragón

El libro del *Apocalipsis* o *Revelación*, escrito por el apóstol Juan, es uno de los textos más simbólicos y complejos del Nuevo Testamento, y en él se presenta una visión poderosa y definitiva del diablo como el *Dragón* que se opone a Dios ya su plan de salvación. En este relato, el diablo está representado como una entidad cósmica, un ser mitológico que encarna el mal en su forma más pura.

En *Apocalipsis 12:7-9*, se describe una batalla celestial entre el arcángel Miguel y sus ángeles contra el Dragón y sus seguidores: «Y fue lanzado el gran dragón, la serpiente antigua, que se llama diablo y Satanás, el cual engaña al mundo entero; fue arrojado a la tierra, y sus ángeles fueron arrojados con él». Aquí, el diablo está identificado con la serpiente que tentó a Adán y Eva para que desobedecieran.

Capítulo 5: Teología de los Primeros Padres de la Iglesia

5.1. San Agustín y la naturaleza del mal

Uno de los teólogos más influyentes en el desarrollo de la doctrina cristiana sobre el mal y el diablo fue San Agustín de Hipona (354-430 dC). En su obra *La Ciudad de Dios*, Agustín aborda el problema del mal de manera profunda, postulando que el mal no es una sustancia o entidad independiente, sino más bien una ausencia o privación del bien (*privatio boni*). Según Agustín, todo lo que Dios ha creado es intrínsecamente bueno, y el mal surge únicamente cuando las criaturas, dotadas de libre albedrío, eligen alejarse del bien supremo que es Dios.

El pensamiento agustiniano sobre el mal está profundamente ligado a su interpretación de la caída de Lucifer y la rebelión de los ángeles. Según Agustín, el mal no tiene existencia propia, sino que se manifiesta en el libre albedrío de las criaturas que eligen apartarse de Dios. En este sentido, Lucifer, que fue creado como un ángel perfecto, cayó al elegir el orgullo y la autosuficiencia por encima de la obediencia a Dios. En *Confesiones*, Agustín escribe: «El orgullo es la fuente de todo mal, porque aparta al ser de su creador, y en la rebelión, el alma se corrompe al preferir su propia voluntad sobre la voluntad divina» (*San Agustín, "Confesiones", Libro X*).

Para Agustín, Satanás, como el líder de los ángeles caídos, representa la máxima expresión del mal en el cosmos. Sin embargo, es importante señalar que Agustín niega cualquier forma de dualismo en la que Satanás tenga un poder igual al de Dios. En su teología, Dios es omnipotente, y el mal, aunque real, carece de sustancia y será vencido definitivamente en el juicio final. Como afirma en *La Ciudad de Dios*: «Satanás no es más que una criatura caída, que ejerce su poder sólo en la medida en que Dios lo permite, y al final será derrotado por completo» (*San Agustín, "La Ciudad de Dios", Libro XI*).

5.2. Orígenes y la caída de los ángeles

Otro teólogo fundamental en la construcción del pensamiento cristiano sobre el mal y el diablo es Orígenes de Alejandría (184-253 dC). Orígenes desarrolló una teología altamente especulativa sobre la naturaleza del mal y la caída de los ángeles. En su obra *De Principiis*, argumenta que todos los seres, incluidos los ángeles, fueron creados libres y racionales. Orígenes introduce la idea de que la caída de los ángeles fue el resultado de su libre elección de apartarse de Dios. Los ángeles que permanecieron fieles a Dios se convirtieron en seres celestiales, mientras que aquellos que cayeron, liderados por Satanás, se transformaron en demonios.

Orígenes es particularmente conocido por su interpretación alegórica de las Escrituras y por su visión universalista de la salvación. Sostenía que, dado que todos los seres fueron creados por Dios y tienen un origen común, incluso los ángeles caídos podrían, en última instancia, ser redimidos. Esta idea, conocida como *apocatástasis*, sugerencia que al final de los tiempos, todo el cosmos sería restaurado a su estado original de perfección, y que incluso Satanás podría ser salvado. Esta doctrina, sin embargo, fue más tarde condenada como herejía por la Iglesia.

En *De Principiis*, Orígenes también describe la caída de Lucifer en términos de un proceso gradual: «Lucifer, la estrella de la mañana, cayó no de repente, sino a través de un proceso de corrupción interior, provocado por el orgullo y el deseo de ser igual a Dios» (*Orígenes, "De Principiis", Libro I*). Según Orígenes, este acto de rebelión y separación voluntaria de Dios marca el origen del mal en el universo.

5.3. El diablo como antagonista en la salvación humana.

En la teología de los Padres de la Iglesia, el diablo ocupa un lugar central como el antagonista en la narrativa de la salvación humana. En la tradición cristiana, el papel del diablo no es simplemente el de un tentador, sino que se le considera el enemigo cósmico que busca desviar a la humanidad del plan redentor de Dios. En la doctrina de la *salvatio mundi*, el diablo es el responsable de la caída de Adán y Eva, y, por lo tanto, del pecado original que corrompe a la humanidad. Como señala San Ireneo de Lyon, «la serpiente, Satanás, se introduce en el Edén con el objetivo de destruir la creación divina, intentando corromper el libre albedrío del hombre» (*San Ireneo, "Contra las herejías", Libro III*).

El diablo es retratado como el «príncipe de este mundo» (*Juan 12:31*), cuyo dominio temporal sobre la tierra se opone a la venida del Reino de Dios. Este concepto está profundamente entrelazado con la visión escatológica de la Iglesia primitiva, que veía la historia humana como una batalla constante entre las fuerzas del bien (representadas por Cristo y la Iglesia) y las fuerzas del mal (representadas por Satanás y sus ángeles caídos)..

San Agustín desarrolló aún más esta idea en su *doctrina de las dos ciudades*, que describe la historia humana como un conflicto entre la *Ciudad de Dios* (aquellos que viven en obediencia a Dios) y la *Ciudad del Hombre* (aquellos que siguen el orgullo y las Tentaciones de Satanás). Para Agustín, el diablo y sus seguidores representan la elección del orgullo, la autocomplacencia y el rechazo a Dios. Sin embargo, la victoria final pertenece a la *Ciudad de Dios*, ya que la muerte y resurrección de Cristo garantiza la redención de la humanidad y la derrota definitiva del diablo.

Esta visión teológica también fue desarrollada por otros Padres de la Iglesia como San Cipriano y San Juan Crisóstomo, quienes destacaron la importancia de la lucha espiritual contra el diablo y las tentaciones. San Cipriano advierte en su obra *De Mortalitate*: «El diablo, sabiendo que su tiempo es corto, redobla sus esfuerzos para tentar a los justos, pero a través de la fe en Cristo, su poder será vencido» (*San Cipriano, De Mortalitate*).

Capítulo 6: El Diablo en la Edad Media

La Edad Media, esa vasta extensión de tiempo que abarcó casi mil años, fue un periodo en el que la percepción del mal y, en particular, del Diablo, se desarrolló profundamente. No solo se le consideraba la personificación del mal, sino también una presencia tangible y activa que interfería en el destino humano. Este capítulo analizará tres aspectos clave de la demonología medieval: la Inquisición y la caza de brujas, las representaciones artísticas y literarias, y los pactos y leyendas populares que alimentaron el imaginario colectivo.

6.1. La Inquisición y la caza de brujas

La figura del Diablo estuvo íntimamente ligada a la actividad de la Inquisición, cuyo objetivo era purgar la cristiandad de herejías y desviaciones del dogma. La institución, creada en 1231 por el papa Gregorio IX, surgió como respuesta al auge de movimientos heréticos como el catarismo y el valdense, que según la Iglesia estaban inspirados por fuerzas demoníacas.

Uno de los principales momentos en que el Diablo y la Inquisición se entrelazaron fue durante la caza de brujas. Aunque las grandes persecuciones ocurrieron en la Edad Moderna, las bases ideológicas de este fenómeno ya se cimentaron en la Edad Media. La bruja era vista como una mujer que había hecho un pacto con el Diablo, y en los tribunales inquisitoriales abundaban las confesiones obtenidas bajo tortura que relataban reuniones en aquelarres, vuelos nocturnos y hechizos malignos. Kramer y Sprenger, autores del infame *Malleus Maleficarum* (1487), argumentaban que las brujas eran las «novias del Diablo», un concepto que hundía sus raíces en las creencias medievales sobre la interacción directa entre el ser humano y las fuerzas malignas.

Este periodo se caracterizó por la obsesión con el mal y la búsqueda de chivos expiatorios que sirvieran para explicar las catástrofes naturales, plagas y hambrunas. La demonización de ciertos grupos sociales –particularmente mujeres, judíos y herejes– servía como mecanismo de control social. Como argumenta Norman Cohn en *Los demonios familiares de Europa* (1975), la caza de brujas y la persecución de herejes fueron productos de un pánico moral, alimentado por las tensiones religiosas y sociales de la época.

6.2. Representaciones artísticas y literarias

El Diablo no solo habitó en los tribunales de la Inquisición, sino también en el arte y la literatura medieval. Las catedrales góticas, particularmente aquellas construidas en el siglo XIII, se convirtieron en un escenario donde las fuerzas del bien y del mal eran dramatizadas con increíble detalle. Las representaciones del Diablo y del infierno eran comunes en los capiteles de las iglesias y en los frescos de los templos. Un ejemplo icónico es el Juicio Final esculpido en el tímpano de la catedral de Notre-Dame de París, donde los demonios arrastran a los pecadores a las fauces del infierno.

Estas representaciones servían no solo para asustar a los fieles, sino también para instruirlos en los peligros de desviarse de la ortodoxia cristiana. Como indica Émile Mâle en su *El arte religioso del siglo XIII en Francia* (1898), el arte medieval fue profundamente didáctico: los demonios representados en iglesias y manuscritos no eran meras decoraciones, sino advertencias vivas sobre el destino que aguardaba a quienes caían en el pecado.

En la literatura medieval, el Diablo aparece como un personaje recurrente. En textos como *El paraíso perdido* de John Milton (aunque ya en el Renacimiento), se exploran las complejas dinámicas entre Dios y Satanás, mostrando al Diablo no solo como el enemigo de la humanidad, sino como un ser trágico, caído y en lucha. Sin embargo, en el contexto medieval, el Diablo era mucho más que una figura literaria: su influencia se percibía en la realidad cotidiana, y las historias sobre pactos, tentaciones y apariciones eran comunes.

Uno de los textos fundamentales en la demonología literaria medieval es el *Evangelio de Nicodemo*, donde se relata el descenso de Cristo a los infiernos y la humillación del Diablo. Este texto tuvo una influencia considerable en la imaginería posterior, mostrando al Diablo como un ser que, pese a su poder, siempre será derrotado por la luz divina.

6.3. Pactos y leyendas populares

Las leyendas populares de la Edad Media abundaban en relatos sobre pactos con el Diablo, y estos mitos sirvieron como base para las historias de brujería que posteriormente serían perseguidas por la Inquisición. El pacto fáustico, aunque se consolidó en la literatura renacentista con el *Fausto* de Goethe, tiene sus raíces en las leyendas medievales, donde se creía que los individuos podían vender su alma al Diablo a cambio de poder, riqueza o conocimientos prohibidos.

Una de las leyendas más populares en la Europa medieval era la del Teufelsberg o Monte del Diablo, una colina en Alemania donde, según la creencia popular, el Diablo había intentado construir un castillo pero fue derrotado por las fuerzas del bien. Estas narraciones, que se transmitían de generación en generación, eran parte del folclore que reflejaba el miedo al mal y a las tentaciones.

Otra leyenda fascinante es la de San Teófilo de Adana, el primer caso documentado de un pacto con el Diablo, ocurrido en el siglo VI. Según la leyenda, Teófilo, un clérigo bizantino, desesperado por recuperar su posición en la iglesia, hizo un pacto con el Diablo y vendió su alma. Sin embargo, arrepentido, rezó a la Virgen María, quien lo liberó de su contrato infernal. Este relato, que circuló por toda Europa durante la Edad Media, subrayaba el poder del mal, pero también la posibilidad de redención.

El folclore europeo está plagado de historias de entidades demoníacas que, aunque se conectaban con el Diablo, también tenían características locales. Por ejemplo, en los Pirineos se contaban historias sobre el Basajaun, un ser mitad humano y mitad bestia que, aunque no propiamente el Diablo, representaba el lado salvaje y oscuro de la naturaleza.

En la Edad Media, la figura del Diablo evolucionó desde una entidad puramente teológica hacia un personaje omnipresente en la vida cotidiana de los europeos. A través de los tribunales de la Inquisición, el arte religioso, las leyendas populares y las representaciones literarias, el Diablo se convirtió en un símbolo de los temores y las tensiones de una época marcada por la incertidumbre. Como menciona Jean Delumeau en *El miedo en Occidente* (1978), el miedo al Diablo era el reflejo del miedo al caos y a la pérdida de control en un mundo donde la salvación parecía cada vez más difícil de alcanzar. Así, el Diablo de la Edad Media no era simplemente una figura teológica, sino un espejo de las angustias, las ansiedades y las esperanzas de una sociedad en constante lucha entre el bien y el mal.

PARTE III: LOS MÚLTIPLES NOMBRES Y ROSTROS DEL DIABLO

A lo largo de la historia, el Diablo ha sido conocido por una multitud de nombres y rostros, cada uno de ellos evocando diferentes aspectos de su carácter y su poder. En la tradición occidental, sus múltiples identidades no solo reflejan la variedad de interpretaciones teológicas, sino también la influencia de diversas culturas y creencias. Los nombres que se le han otorgado al Diablo han sido tanto títulos de poder como símbolos de su derrota. Este capítulo explorará tres de los nombres más influyentes en la tradición occidental: Lucifer, Belcebú y otros demonios bíblicos como Leviatán y Asmodeo.

Capítulo 7: Nombres y Títulos en la Tradición Occidental

7.1. Lucifer: el portador de la luz caída

Uno de los nombres más evocadores y conocidos del Diablo es Lucifer, cuyo significado, «portador de la luz», parece paradójico para una figura asociada con la oscuridad y el mal. Este nombre proviene del latín, donde se refería originalmente al planeta Venus, que aparece como la «estrella de la mañana» en el cielo antes del amanecer. El uso de *Lucifer* para referirse a Satanás tiene sus raíces en una interpretación particular del pasaje bíblico de Isaías 14:12, que dice: "¡Cómo caíste del cielo, oh Lucero, hijo de la mañana! Has sido derribado por tierra, tú que debilitabas a las naciones".

La identificación de Lucifer con el Diablo fue una evolución posterior, principalmente debido a las interpretaciones cristianas medievales que conectaron este versículo con la caída de Satanás. San Jerónimo, en su traducción de la Biblia al latín (la Vulgata), utilizó el término *Lucifer* para describir esta figura caída, y a partir de entonces, el nombre se vinculó irrevocablemente con el arcángel rebelde que desafió a Dios y fue arrojado al abismo.

Lucifer, como «portador de la luz», representa la dualidad del mal en la tradición cristiana: la rebelión que nace de la arrogancia y el deseo de alcanzar la divinidad. Según San Agustín en su obra *La Ciudad de Dios*, Lucifer encarna la soberbia máxima, siendo el primero en caer debido a su deseo de igualarse a Dios. Para Agustín, el orgullo fue el pecado que provocó su ruina, y desde entonces, Lucifer se convirtió en el símbolo del ser que, por querer sobrepasar los límites impuestos por la divinidad, es condenado a la oscuridad.

A lo largo de la historia del pensamiento cristiano, la figura de Lucifer ha representado no solo la maldad pura, sino también la tragedia de una caída desde el esplendor. Este aspecto dual se refleja en autores como John Milton en su obra *El paraíso perdido* (1667), donde Lucifer, convertido en Satanás, pronuncia las famosas palabras: "Mejor reinar en el infierno que servir en el cielo". Aquí, Milton construye un retrato trágico del ángel caído, enfatizando su poder y su ambición, pero también su condena eterna.

7.2. Belcebú: señor de las moscas

Otro de los nombres destacados del Diablo es Belcebú, un título que también tiene una etimología fascinante. Belcebú deriva del hebreo *Baal-Zebub*, que significa «Señor de las Moscas», y originalmente era una deidad filistea adorada en Ecrón, una ciudad de la antigua Palestina. Según *2 Reyes 1:2-3*, el rey Ocozías envía mensajeros a consultar a Baal-Zebub, el dios de Ecrón, lo que es considerado un acto de idolatría. En el contexto de la demonología cristiana, Baal-Zebub fue transformado en uno de los principales demonios que obedecen a Satanás.

La representación de Belcebú como un demonio es significativa no solo por su conexión con los cultos paganos, sino también por la simbología de las moscas, que en muchas culturas están asociadas con la corrupción, la muerte y la descomposición. En la literatura medieval, Belcebú fue retratado como un demonio particularmente poderoso, y en algunos textos, incluso como un príncipe del infierno. En *El paraíso perdido*, Milton lo presenta como uno de los ángeles caídos más cercanos a Satanás, un estratega que participa activamente en los consejos infernales.

El título «señor de las moscas» ha sido interpretado como un símbolo del dominio de Belcebú sobre lo que es corrupto, caótico y vil. Las moscas, que se alimentan de la muerte y la podredumbre, representan la influencia destructiva que este demonio ejerce sobre el mundo. Esta idea ha sido tan poderosa que ha pervivido hasta la modernidad, como lo demuestra el uso de este título en obras literarias contemporáneas, como en la novela *El señor de las moscas* de William Golding (1954), donde el caos y la pérdida de la civilización son temas centrales.

7.3. Leviatán, Asmodeo y otros demonios bíblicos

Además de Lucifer y Belcebú, la tradición bíblica presenta a otros demonios que, aunque no alcanzan la notoriedad de los dos primeros, han jugado un papel importante en la concepción medieval del mal. Entre estos, destaca Leviatán, una criatura monstruosa mencionada en varios pasajes del Antiguo Testamento, particularmente en *Job 41* y *Isaías 27:1*, donde se describe como un dragón marino que simboliza el caos y el poder destructivo de las aguas.

Leviatán fue adoptado en la demonología cristiana como uno de los demonios que gobiernan el infierno. Tomás de Aquino, en su *Summa Theologiae*, lo identifica como un demonio asociado con la envidia, uno de los siete pecados capitales. El poder de Leviatán radica en su capacidad de consumir todo a su paso, y en el folclore medieval, se le represen-

taba como una criatura cuyo vientre alberga-
ba las almas de los condenados, reflejando el
temor a ser devorado por el caos primordial.

Otro demonio destacado es Asmodeo,
quien aparece en el Libro de Tobías (uno de
los libros deuterocanónicos del Antiguo Testamento). Asmodeo es conocido como un
demonio de la lujuria y es responsable de la
muerte de los maridos de Sara, la futura esposa de Tobías. Este demonio se convirtió en
una figura temida durante la Edad Media y
el Renacimiento, y fue mencionado en múltiples grimorios como un príncipe del infierno. En la obra de Guillaume de Lorris y Jean
de Meun, *El Romance de la Rosa*, se le asocia
con el pecado de la lujuria, reforzando su papel en la tradición demonológica.

Además de Leviatán y Asmodeo, la tradición cristiana recogió otros nombres de demonios que tenían raíces en la mitología y las
escrituras hebreas. Astaroth, por ejemplo, se
deriva de la diosa cananea Astarté y en los textos cristianos fue transformado en un duque
infernal que preside los pecados de la pere-
za y el engaño. En los grimorios medievales,
como el *Lemegeton* o *La llave menor de Salomón*,
se mencionan estos y otros nombres demoníacos, ofreciendo una visión jerárquica del

infierno que era una extensión de las estructuras políticas y sociales de la época.

Conclusión

Los múltiples nombres y títulos del Diablo en la tradición occidental no son meros sinónimos, sino que reflejan diferentes aspectos de su poder y su caída. Lucifer, Belcebú, Leviatán y Asmodeo representan las distintas facetas del mal: el orgullo, la corrupción, el caos y la lujuria, respectivamente. A través de los siglos, estos nombres han trascendido las escrituras bíblicas para convertirse en símbolos culturales que continúan resonando en nuestra concepción del mal. Al explorar estos nombres y sus connotaciones, podemos vislumbrar cómo la figura del Diablo ha sido moldeada por el temor y la fascinación del ser humano ante el misterio del mal. Como escribió C.S. Lewis en su obra *Cartas del diablo a su sobrino* (1942), «el camino más seguro al infierno es el gradual». Y, en efecto, los nombres del Diablo, con su carga simbólica, nos recuerdan la tentación constante que acecha en las sombras de la historia humana.

Capítulo 8: El Diablo en Otras Religiones y Culturas

El concepto del mal personificado, aunque tiene una fuerte presencia en la tradición judeocristiana, también aparece en otras religiones y culturas del mundo. En cada sistema de creencias, la figura del Diablo o el espíritu maligno adopta características propias, reflejando las preocupaciones espirituales y filosóficas de cada sociedad. En este capítulo, exploraremos cómo el Diablo se manifiesta en el Islam, el Budismo y el Hinduismo a través de figuras como Iblis y Shaytan, Mara y los Asuras y Rakshasas.

8.1. Iblis y Shaytan en el Islam

En la tradición islámica, el equivalente más cercano al Diablo en el cristianismo es *Iblis*, también conocido como *Shaytan* (Satanás), cuya historia guarda paralelismos con la caída de Lucifer en la teología cristiana. El Corán describe a Iblis como un ser creado de fuego, uno de los *djinn* o criaturas intermedias entre los ángeles y los humanos, dotado de libre albedrío. Iblis, en su rebeldía, se niega a postrarse ante Adán cuando Dios le ordena hacerlo, argumentando que él es superior por haber sido creado de fuego, mientras que Adán fue formado de barro.

El pasaje del Corán que describe la caída de Iblis es esencial para entender su papel como el tentador y enemigo de la humanidad. En la *Sura 7:12-18,* Dios pregunta a Iblis por qué no obedece su mandato, y él responde con arrogancia, lo que le lleva a ser expulsado del paraíso. Como castigo, Iblis es condenado a tentar a los humanos hasta el Día del Juicio, buscando desviar a los creyentes del camino recto.

En el Islam, *Shaytan* no tiene el mismo estatus omnipresente que el Diablo en el cristianismo. A diferencia de Lucifer, que es una figura completamente maligna, Iblis tiene un papel más matizado. Es un ser que tienta a los humanos, pero no tiene el poder de forzarlos a pecar, lo que refuerza la noción de libre albedrío. Los musulmanes creen que, a pesar de la influencia de Iblis, cada persona tiene la capacidad de resistir sus tentaciones mediante la fe y la devoción a Dios.

El concepto de *Shayatin* (plural de Shaytan) también incluye a otros espíritus malignos que pueden influir en los humanos, especialmente aquellos que se alejan del camino de Dios. En el contexto islámico, los demonios y djinn malignos son vistos como fuerzas externas que influyen en los pecadores, pero su poder es limitado por la voluntad de Dios.

En la tradición islámica, la figura de Iblis y los Shayatin sirve para enfatizar la importancia de la elección moral y la lucha constante del ser humano contra el mal. Como lo señala el académico Fazlur Rahman en su obra *Islam* (1966), Iblis no es el enemigo invencible, sino un recordatorio constante de que la fe y la piedad son el único camino hacia la redención.

8.2. Mara en el Budismo: el tentador

En el Budismo, el mal no está personificado en una figura equivalente al Diablo judeocristiano, pero existe una entidad que simboliza la tentación y los obstáculos en el camino hacia la iluminación: *Mara*. Según las escrituras budistas, Mara es el señor de los sentidos y las ilusiones, un ser que busca distraer a los seres del camino hacia la liberación y mantenerlos atrapados en el ciclo del *samsara* (nacimiento, muerte y reencarnación).

El episodio más célebre de la interacción de Mara con un ser humano es el intento de tentación a *Siddhartha Gautama* en el momento en que está a punto de alcanzar la iluminación y convertirse en Buda. Este episodio se describe en el *Sutta Pitaka* y relata cómo Mara intenta desviar a Siddhartha del despertar con diversas estrategias: primero, enviando a sus hijas para seducirlo, luego desatando un ejército de demonios y finalmente intentando sembrar la duda en la mente del futuro Buda. Sin embargo, Siddhartha permanece impasible y alcanza la iluminación, lo que marca la derrota de Mara.

A diferencia del Diablo en las religiones abrahámicas, Mara no es una figura esencialmente malvada, sino una representación de los deseos, apegos y obstáculos internos que los individuos enfrentan en su búsqueda de la verdad. Según Edward Conze, en su obra *Buddhist Thought in India* (1962), Mara simboliza la ignorancia y la tentación, pero no tiene el mismo poder o protagonismo que el Diablo en otras tradiciones. En el Budismo, la victoria sobre Mara es la victoria sobre los apegos mundanos y la ilusión, lo que permite el avance hacia el nirvana.

Este simbolismo se refleja en la iconografía budista, donde Mara aparece a menudo como un demonio con múltiples brazos, montando un elefante o un caballo, rodeado de figuras grotescas que representan los deseos y las ilusiones del mundo material. Su función es impedir que los seres alcancen el conocimiento y la paz interior, pero su poder se disuelve ante la determinación del practicante budista.

8.3. Figuras demoníacas en el Hinduismo: Asuras y Rakshasas

En la vasta cosmología del Hinduismo, el mal se manifiesta a través de diferentes tipos de seres demoníacos, siendo los *Asuras* y los *Rakshasas* dos de los más conocidos. En la tradición védica, los *Asuras* son una clase de seres divinos que, al igual que los *Devas* (dioses), son poderosos y están dotados de grandes habilidades. Sin embargo, a medida que la religión védica evolucionó hacia el Hinduismo, los Asuras fueron asociados cada vez más con el mal y el caos.

Los textos sagrados, como el *Rigveda* y el *Mahabharata*, describen las batallas épicas entre los Devas y los Asuras, simbolizando la lucha eterna entre el bien y el mal. Los Asuras son ambiciosos y buscan el poder, y en muchas historias, intentan subvertir el orden cósmico. Un ejemplo clásico es el demonio *Hiranyakashipu*, un Asura que desafía a los dioses y es finalmente derrotado por *Vishnu* en su encarnación como *Narasimha*, el hombre-león.

Los *Rakshasas*, por otro lado, son demonios que habitan la tierra y son conocidos por sus actos de crueldad y su capacidad para cambiar de forma. En el *Ramayana*, uno de los textos épicos más importantes del Hinduismo, el *Rakshasa Ravana* es el principal antagonista que secuestra a *Sita*, la esposa del dios *Rama*, lo que desencadena la gran batalla entre el bien y el mal. Los Rakshasas, aunque son poderosos, siempre son derrotados por los dioses o héroes divinos, reflejando la creencia hindú en el triunfo final del dharma (el orden cósmico) sobre el adharma (la falta de armonía y justicia).

Los Rakshasas y Asuras en el Hinduismo no son entidades puramente malvadas, ya que en ocasiones muestran cualidades ambivalentes. En algunas historias, se les describe como seres que buscan la inmortalidad y el conocimiento, pero que son corrompidos por su arrogancia y deseo de poder. Esta ambigüedad es clave en la cosmología hindú, donde el bien y el mal no son absolutos, sino fuerzas interdependientes que forman parte del equilibrio cósmico.

La figura del Diablo o el espíritu maligno en otras religiones y culturas refleja las diversas formas en que las sociedades han intentado comprender el mal y la tentación. En el Islam, Iblis y Shaytan representan el desafío de mantener la fe frente a la tentación, mientras que en el Budismo, Mara simboliza los obstáculos internos que alejan al ser humano de la iluminación. En el Hinduismo, los Asuras y Rakshasas son manifestaciones del caos y la ambición, pero también parte del gran equilibrio cósmico entre el bien y el mal.

Al explorar estas figuras, se hace evidente que, aunque las representaciones del mal varían ampliamente, todas ellas comparten un núcleo común: la lucha humana por superar las tentaciones y mantener el orden en un mundo en constante cambio. Las religiones y culturas del mundo nos ofrecen múltiples perspectivas sobre el mal, cada una de ellas única, pero todas relacionadas con la condición humana y su relación con lo divino y lo trascendental.

Capítulo 9: Sincretismo y Adaptaciones Culturales

El sincretismo religioso y las adaptaciones culturales han sido fenómenos recurrentes a lo largo de la historia de las religiones, particularmente cuando distintos sistemas de creencias han entrado en contacto debido a la colonización, la migración o el comercio. En muchos casos, las figuras del mal, incluyendo al Diablo, han adoptado nuevos rostros y significados al fusionarse con creencias locales, generando nuevas representaciones en contextos religiosos diversos. Este capítulo explora cómo el Diablo y figuras similares han sido reinterpretadas y adaptadas en la santería, el vudú, las religiones indígenas americanas y la cultura popular africana.

9.1. El Diablo en la santería y el vudú

La santería y el vudú son ejemplos paradigmáticos de sincretismo religioso, que fusionan elementos de las religiones africanas tradicionales, como el *yoruba*, con el catolicismo impuesto por los colonizadores europeos en América y el Caribe. En estos sistemas, la figura del Diablo no es idéntica al Satanás judeocristiano, pero ha sido adaptada y transformada a lo largo del tiempo.

En la santería, los orishas, deidades yorubas, se fusionaron con los santos católicos para crear un panteón sincrético. Sin embargo, no existe una figura única que encarne al mal absoluto como el Diablo. No obstante, algunas divinidades que tienen un carácter más ambivalente o que se relacionan con el caos, como *Eleguá* o *Oggún*, han sido a veces asociadas con elementos malignos en la santería popular, aunque en la teología original de los yorubas no existe un concepto tan binario de bien y mal. *Eleguá*, por ejemplo, es el guardián de los caminos y las encrucijadas, y es conocido por su carácter travieso, pero también es un protector de los fieles. Esta dualidad es una de las características que hacen que algunos lo asocien con la figura del tentador, especialmente desde una perspectiva cristiana.

En el vudú haitiano, el sincretismo es igualmente complejo. Aquí, la figura que más se acerca al Diablo cristiano es *Baron Samedi*, uno de los *loa* o espíritus que gobierna sobre los muertos. Aunque no es inherentemente maligno, Baron Samedi es visto como una figura temible, asociada con el caos, la muerte y la sexualidad desinhibida. En las prácticas del vudú, se le ve a menudo como un ser que transgrede las normas sociales y religiosas, y se le invoca en rituales para desafiar la muerte o para obtener poder.

El sincretismo en ambas religiones muestra cómo las figuras del mal en las creencias africanas y europeas se adaptaron y reconfiguraron. Sin embargo, es crucial subrayar que en ninguna de estas tradiciones existe una equivalencia exacta con el Diablo judeocristiano. El mal se concibe más como una serie de fuerzas o espíritus con intenciones ambivalentes, en lugar de un ser único y absoluto.

9.2. Manifestaciones en las religiones indígenas americanas

Antes de la llegada de los europeos y su cristianismo, las religiones indígenas americanas no tenían una figura análoga al Diablo. En lugar de un ser que encarnara el mal absoluto, estas culturas tenían deidades o espíritus que representaban la dualidad del cosmos, donde el bien y el mal coexistían en equilibrio. Sin embargo, tras la colonización y la evangelización forzada, muchas de estas religiones adoptaron elementos del cristianismo, y algunas figuras indígenas fueron reinterpretadas como demonios o espíritus malignos.

En la cosmovisión azteca, por ejemplo, no existía una figura equivalente al Diablo, pero sí deidades que encarnaban aspectos destructivos o caóticos del universo. Uno de los más importantes era *Tezcatlipoca*, el dios del cielo nocturno, la guerra y el cambio. Tezcatlipoca era una deidad ambivalente, capaz tanto de dar vida como de destruirla. Con la llegada del cristianismo, algunos misioneros interpretaron a Tezcatlipoca y a otras deidades aztecas como representaciones del Diablo, lo que alteró la percepción de estos dioses en la mente de los indígenas cristianizados.

Otro ejemplo de sincretismo se encuentra en las creencias de los pueblos andinos, donde el concepto de *Supay*, un dios o espíritu del inframundo, fue asimilado al Diablo cristiano. Supay era una deidad asociada tanto con la riqueza mineral (particularmente en las minas) como con la muerte. Tras la colonización, los mineros andinos comenzaron a rendir culto a una versión cristianizada de Supay, a quien llamaron El Tío, una figura demoníaca que gobierna las minas y exige sacrificios a cambio de la protección y la riqueza mineral. En esta versión sincrética, El Tío actúa como un guardián del inframundo, pero también como una figura similar a Satanás, con un papel ambiguo que mezcla el respeto, el miedo y la veneración.

En muchos casos, la representación del Diablo en las religiones indígenas americanas es el resultado de una reinterpretación colonial de sus dioses locales, lo que refleja tanto la resistencia cultural de los indígenas como la imposición de la cosmovisión europea.

9.3. El Maligno en la cultura popular africana

En las religiones tradicionales africanas, la visión del mal es generalmente más compleja y no tan dicotómica como en el cristianismo. No existe un equivalente directo al Diablo, pero algunas figuras se aproximan a la idea de un ser maligno que provoca caos o sufrimiento. Los Ases en la religión yoruba y otros seres espirituales en las religiones del África occidental representan esta ambigüedad. Son fuerzas que pueden causar tanto daño como beneficio, dependiendo de cómo se les apacigüe o invoque.

En la cultura popular africana moderna, la figura del Maligno ha sido adaptada de manera interesante, especialmente en países como Nigeria y Ghana, donde la influencia del cristianismo pentecostal ha sido significativa. En las películas de *Nollywood* (la industria cinematográfica de Nigeria), el Diablo aparece frecuentemente como un ser tentador, que ofrece riquezas y poder a cambio de almas. Estas películas reflejan el impacto del cristianismo evangélico en la sociedad africana, donde el miedo al Diablo y a los brujos que hacen pactos con él es un tema recurrente. Al mismo tiempo, estas representaciones se mezclan con los antiguos mitos locales, creando una versión sincrética del Diablo que es tanto cristiano como africano.

Un ejemplo notable es la figura del *Mami Wata*, un espíritu acuático que en muchas culturas africanas representa tanto la fertilidad como el peligro. Aunque Mami Wata no es una figura del mal en el sentido cristiano, en algunas representaciones modernas se la asocia con tentaciones demoníacas, como la riqueza rápida o los poderes sobrenaturales a cambio de sacrificios. Esta ambivalencia refleja la complejidad del sincretismo africano, donde el bien y el mal no están claramente separados.

La influencia del Diablo en la cultura popular africana moderna también se refleja en la música, particularmente en géneros como el *afrobeat* o el *highlife*, donde las letras pueden abordar temas de corrupción, injusticia y maldad, a menudo personificados en figuras que evocan al Diablo o a espíritus malignos. Sin embargo, estos temas se manejan a menudo de una manera que mezcla lo tradicional con lo moderno, reflejando las tensiones culturales que surgen del sincretismo religioso en África.

El sincretismo religioso ha jugado un papel crucial en la evolución de la figura del Diablo en culturas fuera de la tradición judeocristiana. En la santería y el vudú, el Diablo ha sido reinterpretado y adaptado a las estructuras religiosas africanas, sin perder su poder de tentación y caos. En las religiones indígenas americanas, las deidades locales fueron demonizadas y transformadas en figuras malignas a través de la lente del cristianismo colonial. Finalmente, en África, el Maligno ha sido adaptado en la cultura popular como una figura que refleja tanto las influencias cristianas como las tradiciones locales.

El estudio de estas adaptaciones revela cómo el mal se configura de manera diversa en las religiones y culturas del mundo, mostrando la flexibilidad y persistencia de las creencias sobre el mal y su manifestación.

PARTE IV: ICONOGRAFÍA Y REPRESENTACIONES ARTÍSTICAS

La figura del Diablo ha sido un tema recurrente en el arte occidental, particularmente en los periodos medieval y renacentista. La manera en que los artistas representaron al Diablo refleja tanto las concepciones teológicas de la época como las preocupaciones estéticas y sociales. En las esculturas, pinturas y arquitectura de estos periodos, el Diablo aparece como un símbolo poderoso, que abarca desde lo grotesco hasta lo sublime, representando el miedo, el castigo divino y el caos. Este capítulo explora cómo se ha representado al Diablo en el arte medieval y renacentista, prestando especial atención a las esculturas y pinturas, el simbolismo y las alegorías, y la influencia de estas imágenes en la arquitectura religiosa.

Capítulo 10: El Diablo en el Arte Medieval y Renacentista

10.1. Esculturas y pinturas: de lo grotesco a lo sublime

Durante la Edad Media, el arte era principalmente didáctico, diseñado para enseñar a los fieles las doctrinas de la Iglesia a través de imágenes y símbolos. En este contexto, el Diablo fue retratado como una figura grotesca, destinada a infundir miedo y a recordar a los fieles las consecuencias del pecado. Las primeras representaciones del Diablo en el arte medieval lo mostraban con rasgos bestiales: garras, alas de murciélago, cuernos y cola, enfatizando su naturaleza demoníaca y su desconexión de la humanidad.

Un claro ejemplo de esta tendencia grotesca se encuentra en la escultura de las catedrales góticas, como la catedral de *Notre-Dame* de París, donde las gárgolas y quimeras representan a demonios y criaturas infernales. Estas esculturas tenían una doble función: estéticamente, ornamentaban la estructura del edificio, y simbólicamente, recordaban la presencia del mal en el mundo y la protección que ofrecía la Iglesia frente a estos peligros. Émile Mâle, en su estudio sobre el arte medieval (*El arte religioso del siglo XIII en Francia*), sostiene que estas figuras servían como advertencias visuales, un recordatorio constante de los castigos que esperaban a los pecadores.

En la pintura medieval, la representación del Diablo también tenía un tono grotesco. En frescos y manuscritos iluminados, el Diablo aparecía con una piel verde o negra, con rostros deformados y cuerpos monstruosos. El Juicio Final era uno de los temas favoritos para estas representaciones, como se puede ver en la obra de Giotto en la Capilla Scrovegni en Padua, donde el Diablo aparece como un ser devorador que atrapa a los condenados y los arroja a las llamas del infierno. Este tipo de iconografía tenía el propósito de inspirar terror y promover la virtud mediante la amenaza del castigo eterno.

Con el Renacimiento, las representaciones del Diablo evolucionaron hacia una estética más sublime y compleja. Aunque las representaciones grotescas no desaparecieron por completo, los artistas renacentistas comenzaron a explorar la figura del Diablo como un ser trágico, con raíces en la literatura de la época. En obras como el *Paraíso Perdido* de John Milton, el Diablo (Satanás) es descrito no solo como el enemigo de Dios, sino como una figura noble y rebelde, una idea que se refleja en las pinturas de artistas como Luca Signorelli. En su fresco del Juicio Final en la Catedral de Orvieto, Signorelli presenta a los demonios con cuerpos humanos idealizados, casi bellos, lo que refleja el enfoque renacentista en la anatomía y el ideal de belleza, incluso en las representaciones del mal.

10.2. Simbolismo y alegorías diabólicas

El simbolismo en torno al Diablo en el arte medieval y renacentista estaba cargado de significados profundos y alegorías sobre el pecado, la tentación y la caída del hombre. El Diablo no era solo un ser maligno, sino un símbolo de todo aquello que desviaba a los seres humanos de la gracia divina.

Uno de los símbolos más frecuentes era el de la serpiente, que remite al relato del Génesis y la tentación de Eva en el Jardín del Edén. En muchas obras medievales y renacentistas, la serpiente es representada con rasgos humanos, lo que refuerza su conexión con Satanás y su poder corruptor. Un ejemplo clásico es la pintura de Masaccio, *La expulsión del paraíso* (1425), donde la serpiente que tienta a Eva tiene una cabeza humana femenina, subrayando la cercanía entre el Diablo y la humanidad.

Otra alegoría común es el cordero como símbolo de Cristo, en contraste con el lobo o el dragón, que representan al Diablo y sus tentaciones. En el Apocalipsis de San Juan, que fue una fuente de inspiración recurrente para los artistas medievales, el Diablo es descrito como un dragón o una bestia de siete cabezas. Estas descripciones apocalípticas influyeron en las representaciones artísticas del Diablo durante siglos. Hieronymus Bosch, en su famoso tríptico *El Jardín de las Delicias* (1490-1510), utiliza estas imágenes de bestias monstruosas y símbolos del pecado en su interpretación del infierno, donde los demonios y las criaturas infernales atormentan a las almas condenadas.

En el Renacimiento, sin embargo, el simbolismo del Diablo adquirió nuevas capas de interpretación. Artistas como Albrecht Dürer exploraron la tentación del conocimiento y el pecado a través de símbolos más abstractos. En su grabado *El caballero, la muerte y el diablo* (1513), Dürer presenta una figura demoníaca que sigue al caballero cristiano, representando la constante tentación y la presencia del mal en el mundo, aunque de manera más sutil que en el arte medieval.

10.3. Influencia en la arquitectura religiosa

El Diablo no solo fue representado en pinturas y esculturas, sino que su influencia también se extendió a la arquitectura religiosa. Durante la Edad Media, las catedrales góticas eran vistas como microcosmos del universo, donde lo divino y lo demoníaco se manifestaban en cada detalle arquitectónico.

Las gárgolas y las quimeras en las fachadas de las catedrales son ejemplos claros de esta influencia. Aunque su función era en parte práctica (actuar como desagües para el agua de lluvia), también tenían un significado simbólico profundo. Como señala el historiador de arte Kenneth Clark, las gárgolas, con sus formas grotescas, representaban los males del mundo exterior que eran mantenidos a raya por la santidad del espacio sagrado de la iglesia. Este contraste entre el bien y el mal se reflejaba en la propia estructura de las catedrales, donde el interior luminoso y elevado contrastaba con las sombras y figuras grotescas del exterior.

En las iglesias románicas, las figuras del Diablo también aparecían en los capiteles y relieves, especialmente en las escenas del Juicio Final que decoraban los tímpanos de las puertas principales. Un ejemplo notable es la Catedral de Autun, en Francia, donde el tímpano del Juicio Final, esculpido por Gislebertus, muestra al Diablo pesando las almas de los condenados y arrastrándolas hacia el infierno. Estas escenas estaban destinadas a recordar a los fieles la importancia de la penitencia y el arrepentimiento, al tiempo que enfatizaban el poder protector de la Iglesia.

Con el Renacimiento, el simbolismo arquitectónico del Diablo se fue atenuando, a medida que los artistas y arquitectos se centraban más en la perfección formal y la belleza clásica. Sin embargo, en algunos templos y edificios renacentistas todavía se pueden encontrar vestigios de esta tradición, especialmente en los relieves y decoraciones que representaban la lucha entre el bien y el mal.

El arte medieval y renacentista desarrolló una rica iconografía del Diablo, que oscilaba entre lo grotesco y lo sublime. Mientras que en la Edad Media las representaciones del Diablo eran predominantemente grotescas y terroríficas, en el Renacimiento comenzaron a aparecer figuras más complejas y trágicas. A través de esculturas, pinturas y la propia arquitectura religiosa, el Diablo se convirtió en un símbolo del miedo, la tentación y la lucha moral. El arte de estos periodos no solo refleja las preocupaciones teológicas de la época, sino también la evolución de las ideas sobre el mal y la naturaleza humana.

Capítulo 11: Literatura y Filosofía

A lo largo de la historia, el Diablo ha sido una figura central en la literatura y la filosofía, no solo como encarnación del mal, sino también como símbolo de la rebelión, la tentación, y el eterno conflicto entre el bien y el mal. En este capítulo, exploraremos tres obras clave que han marcado profundamente la representación del Diablo en la tradición literaria y filosófica occidental: *La Divina Comedia* de Dante Alighieri, *El Paraíso Perdido* de John Milton, y *Fausto* de Goethe. Cada una de estas obras presenta una perspectiva única sobre la naturaleza del Diablo, su relación con el ser humano, y las implicaciones morales y filosóficas de su existencia.

11.1. «La Divina Comedia» de Dante Alighieri

La Divina Comedia, escrita por Dante Alighieri entre 1308 y 1320, es una de las obras más influyentes de la literatura mundial, y presenta una de las representaciones más icónicas del Diablo en la cultura occidental. En el Infierno, la primera parte de la trilogía, Dante describe su descenso a través de los nueve círculos del infierno, guiado por el poeta romano Virgilio, hasta encontrarse cara a cara con Lucifer en el centro del noveno círculo, reservado para los traidores.

La imagen de Lucifer en *La Divina Comedia* es monumental y trágica. Dante lo describe como una figura gigantesca, congelada en el lago de hielo del Cocito, atrapado por su propio pecado de traición contra Dios. Tiene tres cabezas que mastican eternamente a los traidores más infames de la historia: Judas Iscariote, Bruto y Casio. Esta representación enfatiza no solo el castigo del Diablo, sino también la idea medieval del infierno como un lugar de justicia divina, donde los pecados son castigados de manera proporcional.

Lucifer, en la obra de Dante, es un ser caído que ya no tiene la capacidad de actuar o influir en el mundo. Está condenado a una inmovilidad eterna, lo que simboliza la impotencia del mal frente al poder absoluto de Dios. Benedetto Croce, en su estudio sobre Dante, señala que esta representación del Diablo no es tanto una figura activa del mal, sino un símbolo de la pérdida y la desesperación. Lucifer es el paradigma del alma que, por su soberbia, ha caído desde la mayor gloria hasta la más absoluta miseria.

Dante utiliza la figura de Lucifer para transmitir una visión filosófica y teológica clara: el mal es una elección que lleva a la autodestrucción, y no tiene poder frente a la justicia divina. La inmovilidad y el sufrimiento eterno de Lucifer son una advertencia sobre las consecuencias del pecado y la rebelión contra el orden divino.

11.2. «El Paraíso Perdido» de John Milton

En *El Paraíso Perdido* (1667), John Milton ofrece una de las representaciones más complejas y fascinantes del Diablo en la literatura. En esta épica, Satanás es un personaje central, descrito con una mezcla de grandeza trágica y arrogancia rebelde. A diferencia de Lucifer en *La Divina Comedia*, el Satanás de Milton es una figura activa, que se rebela contra Dios y sufre las consecuencias de su elección.

Milton presenta a Satanás como un líder carismático que, tras ser derrotado en la guerra celestial, es arrojado al infierno junto con sus seguidores. Sin embargo, lejos de someterse, Satanás se levanta con una voluntad férrea y pronuncia las célebres palabras: «Mejor reinar en el infierno que servir en el cielo» (*Book I, 263*). Esta línea encapsula la esencia del personaje de Satanás en *El Paraíso Perdido*: un ser que, aunque ha sido derrotado, mantiene su orgullo y su rechazo a la autoridad divina.

El Satanás de Milton es, en muchos aspectos, una figura heroica trágica. Su caída se debe a su ambición desmedida y a su deseo de ser igual a Dios, lo que lo convierte en un símbolo del conflicto humano entre el deseo de libertad y la sumisión a un orden superior. Este Satanás tiene un carácter casi humanizado, capaz de reflexionar sobre su propia condición, lo que lo convierte en uno de los personajes más interesantes y estudiados de la literatura.

Los críticos han debatido durante siglos si Milton pretendía que Satanás fuera visto como un héroe trágico o como un villano. William Blake, por ejemplo, argumentó que «Milton estaba del lado del Diablo sin saberlo», debido a la gran complejidad y simpatía que el poeta parece otorgar a Satanás en su lucha contra el poder divino. Sin embargo, otros críticos, como C.S. Lewis, han señalado que la grandeza de Satanás en *El Paraíso Perdido* es solo aparente, y que finalmente sufre la condena de su orgullo y egoísmo.

La obra de Milton plantea profundas cuestiones filosóficas sobre el libre albedrío, la justicia divina y la naturaleza del poder. Satanás, en su rebelión, es una manifestación del deseo humano de libertad, pero su condena final muestra las consecuencias inevitables de desafiar el orden establecido por Dios. En este sentido, *El Paraíso Perdido* puede interpretarse como una reflexión sobre la tragedia de la ambición desmedida y el precio de la rebelión.

11.3. «Fausto» de Goethe y la búsqueda del conocimiento

Fausto, escrito por Johann Wolfgang von Goethe entre 1808 y 1832, ofrece una representación del Diablo a través de la figura de Mefistófeles, un demonio astuto que tienta a Fausto con la promesa de conocimiento y poder. La obra de Goethe está profundamente influenciada por la tradición del pacto fáustico, que tiene sus raíces en leyendas medievales, pero el tratamiento que hace Goethe del tema es mucho más filosófico y profundo.

Mefistófeles no es un demonio grotesco o terrorífico, sino un ser irónico y cínico, cuya función es tentar a Fausto para que renuncie a su alma a cambio de satisfacer sus deseos mundanos. A diferencia del Satanás de Milton, Mefistófeles no es un rebelde contra Dios, sino más bien un servidor del orden cósmico, que realiza su labor con un aire de indiferencia y burla. En el prólogo de la obra, Dios y Mefistófeles hacen una apuesta sobre la capacidad de Fausto para resistir las tentaciones del demonio, lo que plantea la idea de que el mal, en la obra de Goethe, es una prueba que los seres humanos deben superar en su búsqueda de sentido y realización.

El pacto entre Fausto y Mefistófeles es central en la trama, ya que simboliza el deseo del ser humano por trascender sus límites, acceder a conocimientos prohibidos y experimentar todo lo que la vida tiene para ofrecer. Sin embargo, a lo largo de la obra, Goethe presenta a Fausto como un personaje que, a pesar de su ansia por el conocimiento y la experiencia, nunca encuentra la verdadera satisfacción. Mefistófeles, por su parte, actúa como un guía irónico, que ayuda a Fausto en su viaje, pero siempre con la intención de reclamar su alma.

El *Fausto* de Goethe plantea cuestiones filosóficas fundamentales sobre la naturaleza del conocimiento, la ambición y la redención. Mefistófeles representa la tentación constante de desviarse del camino moral en busca de la gratificación inmediata, mientras que Fausto simboliza la inquietud del espíritu humano, siempre insatisfecho, siempre buscando más allá de los límites impuestos. Al final de la obra, Fausto encuentra la redención no a través de Mefistófeles, sino mediante la intervención divina, lo que sugiere que, a pesar de sus errores y de haber caído en la tentación, el ser humano tiene la posibilidad de alcanzar la salvación.

La Divina Comedia, El Paraíso Perdido y *Fausto* son tres obras maestras de la literatura occidental que, a través de sus representaciones del Diablo, exploran cuestiones profundas sobre la naturaleza del mal, el libre albedrío, la rebelión y la búsqueda del conocimiento. En cada una de estas obras, el Diablo desempeña un papel central en la reflexión filosófica sobre el destino humano y las tensiones entre el bien y el mal. Desde el Lucifer congelado en el infierno de Dante, pasando por el Satanás trágico y heroico de Milton, hasta el cínico Mefistófeles de Goethe, el Diablo ha sido una figura clave en el diálogo literario y filosófico sobre la condición humana y sus aspiraciones.

Capítulo 12: El Diablo en la Música y las Artes Escénicas

La figura del Diablo ha trascendido la literatura y las artes visuales para encontrar una expresión poderosa en la música y las artes escénicas. Desde las composiciones clásicas hasta la música popular contemporánea, y desde la ópera hasta la danza, el Diablo ha sido un símbolo recurrente que representa la tentación, el poder prohibido y la búsqueda de lo desconocido. Este capítulo explora cómo el Diablo ha sido representado en tres áreas fundamentales: la música clásica, la música popular y las artes escénicas.

12.1. Composiciones clásicas: Mefistófeles en la ópera

La ópera ha sido uno de los medios más fructíferos para representar al Diablo, especialmente a través del personaje de Mefistófeles, inspirado en la leyenda de Fausto. Este personaje ha sido interpretado en varias óperas, donde encarna la figura del tentador que ofrece a Fausto poder y conocimiento a cambio de su alma.

Una de las representaciones más célebres de Mefistófeles en la ópera es la obra *Fausto* (1859), compuesta por Charles Gounod. En esta ópera, Mefistófeles aparece como un personaje carismático y astuto, cuyo principal objetivo es seducir a Fausto para que renuncie a su alma a cambio de lugares terrenales. Gounod capta esta dualidad a través de la música: las arias de Mefistófeles están cargadas de ironía y sarcasmo, y contrastan con la inocencia y pureza de los otros personajes, lo que subraya el poder seductor del Diablo.

Otra ópera que explora la figura de Mefistófeles es *Mefistofele* (1868) de Arrigo Boito. En esta obra, el personaje es más oscuro y reflexivo, con una música que refleja la angustia y el cinismo del personaje. Boito, al igual que Goethe en su obra literaria, plantea preguntas filosóficas sobre el valor del alma humana y la naturaleza de la tentación. La famosa *Prologo in cielo* (Prólogo en el cielo) de esta ópera es una de las escenas más memorables, donde Mefistófeles desafía a Dios con una apuesta sobre el destino de Fausto, similar al prólogo de la obra de Goethe.

La representación de Mefistófeles en la ópera es más que la simple encarnación del mal. En muchas de estas composiciones, es un personaje complejo, cuya música oscila entre lo sublime y lo grotesco, reflejando la atracción y el peligro que el Diablo representa. Su poder no reside únicamente en su capacidad de corromper, sino en su habilidad para ofrecer a los humanos lo que más desean, exponiendo así las debilidades y deseos ocultos de la naturaleza humana.

12.2. El pacto con el diablo en la música popular

El mito del pacto con el Diablo no ha sido exclusivo de la música clásica; También ha sido una fuente importante de inspiración en la música popular, particularmente en el blues, el rock y el heavy metal. La figura del Diablo en la música popular simboliza la rebelión, el desafío a la autoridad y la búsqueda de poder a través de medios prohibidos.

Uno de los ejemplos más icónicos de este tema es la leyenda de Robert Johnson, un músico de blues estadounidense que, según el mito popular, habría hecho un pacto con el Diablo en un cruce de caminos a cambio de una habilidad musical extraordinaria. Esta historia ha sido relatada en canciones como *Cross Road Blues* (1936), donde Johnson describe una encrucijada, un símbolo común en las narrativas de pactos con el Diablo. Aunque no hay evidencia de que Johnson realmente hizo un pacto, la leyenda ha perdurado y ha influido en la forma en que la música popular aborda temas de tentación y destino.

El rock and roll y el heavy metal también han incorporado al Diablo como símbolo de rebeldía. Bandas como Led Zeppelin y The Rolling Stones han utilizado esta figura para desafiar las normas culturales y religiosas de su tiempo. Los Rolling Stones, por ejemplo, incluyeron la canción *Sympathy for the Devil* (1968) en su álbum *Beggars Banquet,* en la que el Diablo habla en primera persona y se presenta como testigo y responsable de los grandes eventos históricos de la humanidad. La canción, que combina elementos de rock con letras provocativas, utiliza la figura del Diablo como crítica social y como símbolo de los excesos del poder.

El heavy metal, con su enfoque en lo oscuro y lo místico, ha sido uno de los géneros que más ha explotado la imagen del Diablo. Bandas como Black Sabbath o Iron Maiden a menudo incorporan temas de lucha entre el bien y el mal, el juicio final y el pacto con el Diablo en sus letras. En muchos casos, estas representaciones son más bien simbólicas y juegan con los miedos colectivos y la iconografía del mal, pero también sirven como una forma de explorar la transgresión y los límites de la moralidad.

En el ámbito contemporáneo, el pacto con el Diablo sigue siendo una metáfora potente en la música popular, tanto para explorar la ambición desmedida como para reflexionar sobre el precio del éxito y la fama. En este sentido, la música popular ha heredado y reinterpretado el tema fáustico, utilizando al Diablo como símbolo de las tensiones entre el deseo personal y las consecuencias morales de las elecciones.

12.3. Representaciones en el teatro y la danza.

El teatro y la danza también han ofrecido representaciones fascinantes del Diablo a lo largo de la historia, especialmente en piezas que exploran la relación entre lo espiritual y lo terrestre. En muchas culturas, las representaciones teatrales del Diablo han servido no solo para entretener, sino también para transmitir mensajes morales y anunciar sobre las consecuencias del pecado.

En el teatro medieval, el Diablo era un personaje central en los autos sacramentales y misterios religiosos, que eran representaciones populares de temas bíblicos destinadas a instruir a los fieles. En estas obras, el Diablo apareció como un personaje cómico o grotesco, destinado a asustar ya la vez a entretener al público. Obras como *El auto de los Reyes Magos* en España o las *Mystery Plays* inglesas a menudo incluían escenas en las que el Diablo era derrotado por la intervención divina, subrayando la moral cristiana de la época.

En el teatro moderno, la figura del Diablo ha sido reinterpretada en una variedad de formas, desde el tentador cómodo hasta el símbolo de la duda existencial. En obras como *El Maestro y Margarita* (1938) de Mijaíl Bulgákov, el personaje de Woland, una representación del Diablo, es un sofisticado extranjero que pone a prueba la moral de los ciudadanos de Moscú. Esta representación más ambigua y compleja del Diablo refleja las tensiones ideológicas del siglo XX y el conflicto entre el materialismo y la espiritualidad.

La danza, por su parte, ha utilizado la figura del Diablo para explorar temas de lucha interna, deseo y redención. En el ballet *Fausto*, basado en la obra de Goethe, el Diablo aparece como una presencia constante en el viaje de Fausto, simbolizando su tentación y deseo. La coreografía a menudo refleja esta dualidad, utilizando movimientos fluidos y agresivos para representar el conflicto entre el bien y el mal. En piezas contemporáneas de danza, el Diablo puede tomar formas más abstractas, como una representación simbólica de los miedos y deseos internos del ser humano.

Conclusión

El Diablo ha sido una figura central en la música y las artes escénicas, desde la ópera clásica hasta el rock y la danza contemporánea. En la ópera, Mefistófeles ha sido una figura clave que refleja la dualidad del poder y la tentación. En la música popular, el mito del pacto con el Diablo ha servido como una metáfora poderosa de la ambición y el precio del éxito. En el teatro y la danza, el Diablo ha sido utilizado para explorar temas profundos de moralidad, lucha interna y redención. A través de estas diversas manifestaciones, el Diablo continúa siendo un símbolo cultural flexible, que permite a los artistas y creadores reflexionar sobre la naturaleza humana y las complejidades de la elección moral.

PARTE V: EL DIABLO EN LA ERA MODERNA Y CONTEMPORÁNEA

Capítulo 13: Interpretaciones Psicológicas y Filosóficas

13.1. El Diablo como Arquetipo Jungiano

Carl Gustav Jung, uno de los psicólogos más influyentes del siglo XX, reinterpreta al diablo desde una perspectiva simbólica y arquetípica. En su teoría del inconsciente colectivo, el diablo representa uno de los «arquetipos» fundamentales de la psique humana. Para Jung, los arquetipos son patrones universales que habitan el inconsciente de la humanidad y que emergen en diversas formas a lo largo de la historia y las culturas.

El arquetipo del diablo está vinculado a lo que Jung llamó la «Sombra», el aspecto reprimido e inaceptable del yo que cada individuo y sociedad tiende a ocultar. "Nadie se ilumina fantaseando figuras de luz, sino haciendo consciente su oscuridad" (Jung, *El hombre y sus símbolos*). Esta «Sombra» personifica todo aquello que consideramos negativo o destructivo, pero que, paradójicamente, es necesario para alcanzar la integridad psíquica. El diablo, desde esta perspectiva, no es un ser malévolo externo, sino una parte intrínseca de la condición humana.

El psicólogo Erich Neumann, seguidor de Jung, complementa esta visión al afirmar que "el diablo como sombra actúa como un desafío que el hombre debe enfrentar para alcanzar un estado de individuación" (*El origen y la historia de la conciencia*). Así, el mal que el diablo simboliza es esencial para que el individuo reconozca sus propios defectos y se transforme.

13.2. Nietzsche y la Transvaloración de los Valores

Friedrich Nietzsche, uno de los más grandes filósofos modernos, aborda la figura del diablo desde la perspectiva de la moral. En su obra *Así habló Zaratustra*, Nietzsche critica las estructuras morales tradicionales, especialmente las del cristianismo, que él considera una «moral de esclavos» basada en la sumisión, la negación de la vida y la culpabilidad. En este contexto, el diablo se convierte en símbolo de la rebelión contra esa moral impuesta.

Nietzsche desarrolla la idea de la "transvaloración de los valores", que implica la inversión y reevaluación de los sistemas morales. Desde esta perspectiva, lo que históricamente se ha considerado «mal» o «diabólico» en la cultura occidental (como el poder, el orgullo y el deseo) puede ser reinterpretado como virtudes necesarias para la afirmación de la vida. "El cristianismo ha hecho de Eros un pecado, pero de lo mismo ha hecho una virtud del odio al cuerpo y la negación de los instintos" (*La genealogía de la moral*).

El diablo, entonces, puede ser visto como un símbolo de liberación del yugo de los valores tradicionales. Al renunciar a la moral impuesta y abrazar la propia naturaleza, Nietzsche sugiere que el hombre puede alcanzar una forma superior de existencia: el Übermensch (superhombre). En este sentido, el diablo no es tanto el enemigo de la humanidad, sino el oponente necesario que permite la transformación y la evolución hacia una nueva forma de ser.

13.3. El Mal Radical en la Filosofía Contemporánea

En el siglo XX, la filosofía contemporánea ha vuelto a cuestionar la naturaleza del mal a raíz de los horrores del Holocausto, las guerras mundiales y los genocidios. Filósofos como Hannah Arendt y Emmanuel Levinas han tratado de comprender el fenómeno del mal en un mundo secularizado.

Arendt, en su obra *Eichmann en Jerusalén: Un estudio sobre la banalidad del mal*, propone que el mal en la era contemporánea ya no tiene que ver con figuras satánicas o demoníacas, sino con la indiferencia burocrática y la obediencia ciega. Arendt acuñó el término "banalidad del mal" para describir cómo individuos comunes, como Adolf Eichmann, pueden cometer atrocidades al deshumanizar a sus víctimas y seguir órdenes sin reflexionar sobre las consecuencias morales. Aquí, el diablo como símbolo de maldad se desplaza hacia la figura de la maquinaria impersonal del estado moderno.

Por otro lado, Emmanuel Levinas en su obra *Ética e infinito* introduce la noción del «mal radical», un concepto que tomó prestado de Kant, pero lo adapta a las atrocidades modernas. Para Levinas, el mal no es solo una falta moral, sino una violencia que surge del egoísmo y la imposibilidad de reconocer la alteridad del otro. Levinas señala que "la responsabilidad hacia el otro es la primera y fundamental relación ética". El diablo, en este sentido, es el símbolo de la negación del otro, de la indiferencia hacia el sufrimiento humano.

Incluso filósofos como Slavoj Žižek han reinterpretado el mal y el diablo dentro de la sociedad contemporánea. En su obra *El diablo en la historia*, Žižek sostiene que el mal ya no es algo exterior a las instituciones sociales, sino una parte integral de la política, la economía y la cultura del capitalismo global.

En la era moderna y contemporánea, el diablo ha dejado de ser visto simplemente como un ente maligno que amenaza a la humanidad desde el exterior. Filósofos como Jung, Nietzsche, Arendt y Levinas lo han reinterpretado como un símbolo profundo de las fuerzas psicológicas, morales y sociales que modelan la vida humana. Ya sea como un arquetipo del inconsciente, un símbolo de rebelión contra la moral tradicional o una representación del mal banalizado, el diablo sigue siendo una figura crucial para entender la condición humana en el mundo moderno. Como dijo el propio Nietzsche: "Aquel que lucha con monstruos debe cuidarse de no convertirse en uno, pues cuando miras largo tiempo al abismo, el abismo también te mira a ti" (*Más allá del bien y del mal*).

Capítulo 14: El Diablo en el Cine y la Televisión

14.1. Clásicos del cine de terror

El cine de terror ha sido uno de los géneros que más ha explorado la figura del diablo, con algunas de las películas más icónicas de la historia centradas en su figura o en temas relacionados con el mal absoluto. Un ejemplo temprano y fundamental es *Nosferatu* (1922), de FW Murnau, donde el vampiro puede interpretarse como una figura diabólica, representando el miedo a lo desconocido ya lo prohibido. Aunque no se menciona explícitamente al diablo, el vampiro en esta película es una clara encarnación del mal que acecha a la humanidad.

Sin embargo, es *El exorcista* (1973) de William Friedkin la película que cimenta al diablo en el imaginario moderno. Basada en la novela homónima de William Peter Blatty, la película narra el proceso de exorcismo de una joven poseída por un demonio que muchos asocian directamente con el diablo. Esta película marcó un antes y un después en la forma en que el cine abordó lo sobrenatural y lo religioso. Roger Ebert, uno de los críticos de cine más renombrados, calificó a *El exor-*

cista como "una experiencia estremecedora, una película que no solo plantea preguntas sobre el mal, sino que las hace visceralmente reales para el espectador". A través de una narrativa intensa y efectos especiales innovadores para su época, la película transmitió el miedo más profundo de una sociedad post-Vietnam: el mal que no se puede controlar.

Otra película icónica es *La profecía* (1976), dirigida por Richard Donner, que retrata al Anticristo encarnado en la figura de un niño. Esta película juega con el miedo a lo inevitable, a la idea de que el mal puede estar predestinado y que ni siquiera la inocencia infantil puede evitarlo. Aquí, el diablo no aparece como un ser tangible, pero su influencia está presente en todo momento, manejando los hilos desde las sombras, lo que la convierte en un clásico atemporal del cine de terror.

14.2. Series y Documentales sobre lo Oculto

La televisión ha ofrecido otro espacio donde la figura del diablo y lo oculto han florecido. En las últimas décadas, el auge de las series ha permitido un desarrollo más profundo de personajes relacionados con lo demoníaco y lo sobrenatural, además de una expansión de temáticas ligadas a lo oculto.

Una de las series más populares que ha abordado el tema del diablo es *Supernatural* (2005-2020), que sigue a dos hermanos cazadores de criaturas sobrenaturales, incluyendo ángeles, demonios y el propio Lucifer. La serie logró darle una personalidad intrigante y hasta carismática al diablo, interpretada por Mark Pellegrino. En *Supernatural*, el diablo es un personaje complejo, rebelde contra el cielo, pero también una víctima de las circunstancias que le rodean. Esta representación del diablo como un ser que sufre y que busca su lugar en el universo añade una capa de profundidad psicológica que no se ve en representaciones más clásicas.

Otra serie significativa es *Lucifer* (2016), basada en los cómics de *The Sandman* de Neil Gaiman. En esta serie, Lucifer Morningstar, interpretado por Tom Ellis, renuncia a su trono en el infierno y decide vivir en la Tierra, donde abre un club nocturno y colabora con la policía de Los Ángeles en la resolución de crímenes. En *Lucifer*, el diablo no es solo el antagonista, sino que se convierte en el protagonista, ofreciendo una mirada más humanizada y hasta humorística de la figura que tradicionalmente ha sido el símbolo del absoluto mal.

Además de las series, los documentales han jugado un papel importante en la exploración de lo oculto y del diablo en la cultura contemporánea. Documentales como *Hail Satan?* (2019) de Penny Lane investigan la relevancia de grupos como el Templo Satánico, desmitificando la idea del satanismo como culto al mal y presentándolo más bien como un movimiento político y filosófico que cuestiona la autoridad religiosa. Este tipo de producciones muestran cómo, en la era moderna, la figura del diablo ha dejado de ser vista únicamente como un ícono del mal para transformarse en una representación de la libertad individual y la resistencia al control.

14.3. La Evolución de su Imagen en la Pantalla

A lo largo de los años, la representación del diablo en el cine y la televisión ha evolucionado enormemente, reflejando cambios sociales, culturales y filosóficos. En los primeros años del cine, el diablo era una figura que representaba el mal absoluto, como lo muestra el Mefistófeles de *Fausto* (1926) de FW Murnau, basado en la obra de Goethe. En esta película, el diablo es un seductor astuto que ofrece poder y placer a cambio del alma del protagonista, una imagen que encajaba con la visión cristiana tradicional del maligno.

Con el tiempo, el diablo ha sido despojado de su rigidez teológica para convertirse en una figura más flexible y multidimensional. En películas como *La novena puerta* (1999) de Roman Polanski, la figura del diablo está vinculada al misterio y al conocimiento prohibido. El mal ya no es un ente demoníaco visible, sino una fuerza abstracta que se manifiesta a través de los deseos y las ambiciones humanas.

En tiempos más recientes, el diablo ha sido incluso retratado de manera ambigua, como alguien que puede ser visto tanto como un adversario como un aliado. Películas como *El abogado del diablo* (1997), protagonizada por Al Pacino y Keanu Reeves, muestran al diablo como un astuto manipulador que no solo busca la condenación de las almas, sino que exponen la hipocresía y la corrupción inherentes a la naturaleza humana. Aquí, la figura del diablo sirve para explorar las debilidades del sistema capitalista y la ambición desmedida.

En resumen, la evolución de la imagen del diablo en el cine y la televisión refleja no solo el cambio de percepciones sobre el mal en la cultura popular, sino también un replanteamiento filosófico y psicológico sobre la naturaleza humana. Como dijo Stanley Kubrick: "La realidad es más terrorífica que cualquier cosa que puedas imaginar". Esta frase resume el enfoque contemporáneo de las representaciones del diablo en los medios audiovisuales, donde lo más espeluznante no es una figura con cuernos y tridente, sino la manifestación del mal en el corazón humano y en la sociedad.

Capítulo 15: El Diablo en la Cultura Digital

15.1. Videojuegos y Narrativa Interactiva

El impacto de los videojuegos en la cultura contemporánea no puede subestimarse, y la figura del diablo ha sido un tema recurrente en este medio. Videojuegos icónicos como *Diablo* (1996), de Blizzard Entertainment, han sido fundamentales en definir el mal en la cultura gamer. En *Diablo*, el jugador debe enfrentarse a hordas demoníacas y, eventualmente, al propio Señor del Infierno, lo que representa una lucha directa contra el mal encarnado. La popularidad de esta saga ha cimentado la idea del diablo como un antagonista que los jugadores deben derrotar en su búsqueda de justicia y redención.

Lo interesante en el ámbito de los videojuegos es la capacidad de interactuar con lo que normalmente ha sido una representación pasiva en otros medios. Aquí, el jugador no solo observa, sino que también toma decisiones y asume un papel activo en la narrativa del bien contra el mal. Esto es especialmente visible en títulos como *The Binding of Isaac* (2011), donde el protagonista lucha contra criaturas demoníacas mientras explora temas bíblicos y oscuros relacionados con el sacrificio, el pecado y la culpa. La narrativa interactiva permite al jugador experimentar estos dilemas morales en tiempo real, proporcionando una inmersión única en las dinámicas del mal y el castigo.

Otro juego que ha explorado la figura del diablo es *Dante›s Inferno* (2010), una adaptación libre del clásico *La Divina Comedia* de Dante Alighieri. En este juego, los jugadores descienden a los círculos del infierno, enfrentándose a demonios, pecadores y al mismo Lucifer. Aquí, el infierno es un lugar físico que debe ser conquistado, representando el mal en una escala épica y visualmente imponente.

En resumen, los videojuegos han dado nueva vida al diablo como una figura que no solo representa el mal, sino también un desafío interactivo. El jugador es un participante activo en la lucha contra el mal, lo que otorga una dimensión única a la figura del diablo en la cultura digital.

15.2. Mitos Urbanos y Creepypastas

Los mitos urbanos y las creepypastas (historias de terror que circulan en internet) son ejemplos claros de cómo el diablo ha evolucionado en la narrativa digital. Este tipo de relatos, que a menudo combinan lo sobrenatural con elementos tecnológicos, exploran el miedo a lo desconocido, a lo prohibido, y muchas veces colocando al diablo como un ente que acecha desde las sombras de la red.

Uno de los mitos más conocidos relacionados con el diablo en internet es la leyenda de «Lavender Town Syndrome», una historia popular dentro del fandom de *Pokémon*. Según la creepypasta, la música del nivel *Lavender Town* en el videojuego original habría inducido a niños a cometer suicidio debido a las tonalidades perturbadoras que contenía. Aunque esta historia es completamente ficticia, el diablo en este contexto se convierte en una entidad que opera dentro del código del videojuego, utilizando el medio digital para corromper y destruir.

Otra creepypasta famosa es la de *Slender Man*, una figura demoníaca que persigue a niños y jóvenes, en muchos casos llevándolos a la locura oa la muerte. Si bien el Slender Man no está explícitamente descrito como el diablo, su figura se ha vinculado con las representaciones clásicas del mal en su habilidad para sembrar el terror psicológico. *Slender Man* se originó como un meme en foros como *Something Awful*, y su popularidad creció rápidamente, lo que demuestra cómo la cultura digital ha permitido la rápida difusión y evolución de estos mitos.

Estos relatos, que a menudo se presentan como verídicos o basados en «hechos reales», capturan la esencia de las leyendas urbanas tradicionales, pero adaptadas a la era de internet. Aquí, el diablo se convierte en una presencia inmanente, siempre acechando desde las profundidades de la red, alimentándose de los miedos más oscuros de la generación digital.

15.3. Redes Sociales y la Difusión de lo Esotérico

Las redes sociales han proporcionado una plataforma global para la difusión de lo esotérico y lo oculto, y la figura del diablo ha encontrado en estos espacios un nuevo campo de batalla. Grupos y comunidades en plataformas como Reddit, YouTube y TikTok exploran temas relacionados con lo satánico, el ocultismo y las prácticas espirituales alternativas, lo que ha llevado a una especie de «renacimiento digital» del interés en lo esotérico.

Por ejemplo, en YouTube, canales dedicados a teorías de conspiración y temas ocultos, como *Beyond Creepy* o *Top5s*, exploran historias de encuentros con el diablo, rituales satánicos y posesiones demoníacas. Estos videos a menudo acumulan millones de visitas, lo que evidencia el interés masivo en estos temas en la era de la información. Un fenómeno especialmente popular es el llamado «TikTok esotérico», donde creadores de contenido comparten rituales, historias sobre entidades demoníacas y teorías sobre el mal que residen en nuestra realidad cotidiana.

Además, las redes sociales han fomentado la creación de comunidades online donde se comparte contenido que aborda el satanismo moderno desde una perspectiva más filosófica y política, como el *Templo Satánico*. Este movimiento ha utilizado plataformas como Twitter y Facebook para desmitificar al diablo, presentándolo no como una figura del mal, sino como un símbolo de la libertad individual y la resistencia a la autoridad opresiva.

La viralización de lo esotérico en las redes sociales también ha dado lugar a un creciente interés en los rituales, talismanes y prácticas relacionadas con la invocación de fuerzas demoníacas. En este contexto, el diablo ya no es solo una figura mitológica o religiosa, sino una parte de la cultura pop, reinterpretada y resignificada por diferentes grupos en línea para adaptarse a sus narrativas y creencias personales.

CONCLUSIÓN

En la cultura digital, el diablo ha evolucionado de ser un simple símbolo de maldad a convertirse en un ente multifacético que abarca lo interactivo, lo narrativo y lo comunitario. A través de los videojuegos, los mitos urbanos y las redes sociales, la figura del diablo ha encontrado nuevas formas de manifestarse en la conciencia colectiva, adaptándose a los cambios tecnológicos y culturales de la era digital. Como dijo Marshall McLuhan: «El medio es el mensaje», y en este nuevo medio, el mensaje del diablo sigue siendo tan cautivador, perturbador y complejo como siempre.

EPÍLOGO

16.1. Síntesis de la evolución del concepto del diablo

El concepto del diablo ha sido profundamente dinámico y adaptable a los diferentes momentos históricos, culturales y filosóficos de la humanidad. En las primeras civilizaciones, las ideas sobre fuerzas negativas o malignas eran comunes. El zoroastrismo introdujo una dualidad moral entre el bien (Ahura Mazda) y el mal (Angra Mainyu), que más tarde influenciaría las concepciones abrahámicas. Según el historiador Peter Schäfer, en *Los orígenes de la demonología judía y cristiana* (2009), esta dualidad zoroastrista es «una de las primeras representaciones claras de un conflicto cósmico entre fuerzas divinas y demoníacas, que más tarde se cristalizaría en el cristianismo como la lucha entre Dios y Satanás.»

Con la llegada del cristianismo, el diablo fue evolucionando desde un ser adversario de menor relevancia en el judaísmo, como se puede ver en el libro de Job, hasta convertirse en una figura central del mal. En el Nuevo Testamento, especialmente en los Evangelios, Satanás aparece como el tentador de Cristo y se le atribuye la personificación del mal y la oposición al plan divino (Mateo 4:1-11). Esta figura se consolidó en la teología cristiana de los primeros siglos, como señala Elaine Pagels en su libro *El Origen de Satanás* (1995): "Satanás emergió como un adversario no solo de Dios, sino del hombre mismo, simbolizando las fuerzas del caos y el pecado que acechan la moralidad humana".

Durante la Edad Media, la representación del diablo alcanzó su edad con la consolidación del poder eclesiástico. El diablo era visto no solo como el enemigo de la humanidad, sino también como una amenaza activa en la vida cotidiana, capaz de tentar a los hombres y provocar desastres. La demonología medieval, como explica Norman Cohn en *Los demonios familiares de Europa* (2000), sirvió como herramienta de control político y social: «Las creencias sobre el diablo y los demonios justificaban la persecución de herejes, brujas y cualquier amenaza al orden establecido». El Malleus Maleficarum, publicado en 1487, fue uno de los textos que más contribuyó a esta visión demoníaca, proporcionando las bases para la caza de brujas.

Con la llegada del Renacimiento y la Ilustración, el concepto del diablo comenzó a perder relevancia en los discursos filosóficos y científicos. Intelectuales como Baruch Spinoza y Voltaire rechazaron la idea de un mal absoluto personificado, considerando que el mal era una consecuencia de la ignorancia humana y no de un ser sobrenatural. En palabras de Voltaire, "si el diablo no existiera, habría que inventarlo, pero el hombre es capaz de crear el mal por sí mismo" (*Dictionnaire philosophique*, 1764).

En el siglo XIX y XX, el diablo reapareció en la literatura y el arte, aunque de forma más simbólica y menos religiosa. Obras como *El Fausto* de Goethe (1808) y *El Maestro y Margarita* de Mijaíl Bulgákov (1967) utilizaron al diablo como una representación de la ambigüedad moral y las tensiones existenciales del ser humano. Según Carl Jung, en su ensayo *Psicología y Alquimia* (1944), el diablo es una proyección de la «sombra», la parte reprimida y no reconocida del ser humano: "El diablo no es más que el aspecto oscuro de la psique humana, la manifestación de nuestros deseos reprimidos y temores más profundos".

16.2. Reflexiones sobre el mal en la sociedad actual

En la sociedad contemporánea, la figura del diablo ha perdido mucho de su poder explicativo frente a otras concepciones más abstractas del mal, como la injusticia social, la corrupción política y la violencia estructural. El mal ya no se identifica exclusivamente con una entidad sobrenatural, sino con fenómenos complejos que tienen raíces sociológicas, psicológicas y económicas. Hannah Arendt, en su famoso análisis sobre el nazismo en *Eichmann en Jerusalén* (1963), acuñó el término «la banalidad del mal», sugiriendo que los actos más terribles no son cometidos necesariamente por seres demoníacos, sino por individuos comunes que obedecen órdenes o se alinean con sistemas deshumanizadores.

Este cambio de paradigma refleja la creciente secularización de las sociedades occidentales, donde el mal se ha transformado en un problema ético y político, más que en un tema teológico. En este sentido, el filósofo Slavoj Žižek en su obra *Sobre la violencia* (2008) señala que «el mal contemporáneo se ha fragmentado; ya no es el resultado de una entidad unificada como el diablo, sino una serie de pequeñas violencias cotidianas y sistémicas que destruyen el tejido social».

No obstante, en la cultura popular el diablo sigue teniendo presencia, a menudo como un símbolo de rebelión contra el orden establecido o como una figura que explora los límites de la moralidad humana. En películas, series de televisión y videojuegos, el diablo se presenta de formas más complejas, siendo a veces el antihéroe o una figura trágica. Como menciona Marina Warner en su estudio *La Monstruosidad y el Demonio en la Cultura Contemporánea* (2018), «la figura del diablo se ha convertido en un espejo de los miedos y deseos reprimidos de la sociedad moderna, funcionando más como un recurso narrativo que como una entidad moral absoluta".

16.3. Perspectivas futuras y líneas de investigación.

De cara al futuro, la figura del diablo continuará siendo un tema relevante para los estudios de teología, historia, psicología y cultura popular. A medida que avanzan las investigaciones en neurociencia y psicología social, la tendencia parece orientarse hacia una explicación más científica del mal. Como sugiere Steven Pinker en *Los Ángeles que llevamos dentro* (2011), "gran parte de lo que históricamente llamamos mal puede entenderse como el resultado de fallas cognitivas o impulsos evolutivos, en lugar de ser atribuido a fuerzas sobrenaturales".

En el ámbito teológico, el diablo sigue siendo un tema de debate en ciertas corrientes religiosas, especialmente dentro del cristianismo evangélico y algunas tradiciones islámicas. La pregunta sobre la existencia de un mal personificado en tiempos de racionalidad científica es un desafío para las instituciones religiosas, que deben redefinir su relación con este concepto en un mundo cada vez más secularizado. Investigadores como Philip Jenkins, en su libro *La Nueva Cristiandad* (2002), sugieren que "en regiones como África y América Latina, donde el cristianismo evangélico está en auge, la idea del diablo sigue siendo central en la cosmología de los fieles".

APÉNDICES

A. *Cronología de las representaciones del diablo*

Este apéndice presenta una cronología detallada sobre la evolución de la representación del diablo a lo largo de la historia, desde las primeras civilizaciones hasta su presencia en la cultura contemporánea. Se organizará de manera cronológica, destacando hitos importantes en las principales tradiciones religiosas, literarias y artísticas.

1. Mesopotamia (circa 3000 a.C.): Primera mención de espíritus malignos como *Utukku* y demonios como *Pazuzu*. Representaciones que combinan aspectos tanto destructivos como protectores.

2. Egipto (circa 2000 a.C.): La figura de *Set*, dios del caos y la destrucción, que simboliza el mal en la mitología egipcia.

3. Zoroastrismo (circa 1200 a.C.): Aparición de *Angra Mainyu*, el espíritu maligno que representa el mal absoluto en oposición a *Ahura Mazda*.

4. Judaísmo (circa 1000 a.C.): Desarrollo del concepto de *Satán* en los textos hebreos como adversario, mencionando su evolución desde un acusador subordinado hasta un ente más independiente en el judaísmo post-exílico.

5. Cristianismo primitivo (siglo I d.C.): Representación de Satanás en el Nuevo Testamento como tentador y adversario en los Evangelios y el Apocalipsis.

6. Edad Media (siglos V-XV d.C.): La demonización del diablo en la tradición cristiana, con un papel central en la teología medieval, la Inquisición, y la caza de brujas. Representaciones en arte gótico y románico.

7. Renacimiento (siglo XV-XVI d.C.): Interpretación artística más compleja del diablo, con obras de autores como *Dante* en *La Divina Comedia* y *Milton* en *El paraíso perdido*.

8. Siglo XIX: Uso literario del diablo como figura trágica y filosófica en *Fausto* de Goethe, entre otras obras.

9. Siglo XX-XXI: Representaciones modernas del diablo en medios masivos como el cine, la televisión y los video-

juegos, mostrando una evolución hacia una figura más ambigua o simbolizando luchas internas humanas.

B. *Glosario de términos y nombres*

Este glosario incluye una lista de términos clave, personajes y conceptos utilizados a lo largo del libro. Está diseñado para aclarar definiciones importantes en la comprensión del diablo y su papel en diversas tradiciones culturales y religiosas.

- Ahura Mazda: Dios supremo del zoroastrismo, personificación del bien y la luz, en contraposición a *Angra Mainyu*.

- Angra Mainyu: Espíritu maligno en la religión zoroástrica, también conocido como Ahriman, que representa el mal absoluto.

- Asmodeo: Demonio que aparece en la tradición bíblica, particularmente en el libro de Tobías, y es conocido como el demonio de la lujuria.

- Belcebú: Nombre demoníaco, derivado del dios filisteo *Baal-Zebub* (Señor de las Moscas), asociado al mal y al caos.

- Diablo: Término utilizado en diversas tradiciones para describir la personificación del mal, con múltiples nombres como *Satán*, *Lucifer*, y *Shaytan*.

- Iblis: Figura diabólica en el Islam, equivalente a *Satanás*, quien se niega a postrarse ante Adán y es condenado a tentar a la humanidad.

- Lucifer: Nombre que se refiere al «portador de la luz», asociado en la tradición cristiana con la caída de un ángel que se rebela contra Dios.

- Mara: Demonio en la tradición budista que representa los obstáculos internos y las tentaciones que impiden la iluminación.

- Satán: Término hebreo que significa «adversario», utilizado en el Antiguo Testamento como el acusador y luego en el cristianismo como el diablo.

- Shaytan: Palabra árabe que se refiere a espíritus malignos en el Islam, similar al concepto de *Satanás* en el cristianismo.

BIBLIOGRAFÍA

1. Fuentes primarias

Alighieri, Dante. *La Divina Comedia*. Ediciones Cátedra, 2005.

La Biblia. Versión Reina-Valera, 1960.

Bulgákov, Mijaíl. *El Maestro y Margarita*. Editorial Edhasa, 2012.

Goethe, Johann Wolfgang von. *Fausto*. Alianza Editorial, 2010.

Milton, John. *El Paraíso Perdido*. Penguin Clásicos, 2016.

2. Estudios y análisis críticos

Arendt, Hannah. *Eichmann en Jerusalén: Un estudio sobre la banalidad del mal*. Debolsillo, 2019.

Boyce, Mary. *Zoroastrians: Their Religion and Beliefs and Practices*. Routledge, 1979.

Cohn, Norman. *Los demonios familiares de Europa: La creación de la creencia en la brujería*. Editorial Crítica, 2000.

Croce, Benedetto. *Dante, poeta del universo*. Editorial Crítica, 2006.

Delumeau, Jean. *El miedo en Occidente*. Taurus, 1978.

Jung, Carl G. *El hombre y sus símbolos*. Paidós, 2017.

Kelly, Henry Ansgar. *Satan: A Biography*. Cambridge University Press, 2006.

Neumann, Erich. *El origen y la historia de la conciencia*. Paidós, 1996.

Pagels, Elaine. *El origen de Satanás*. Penguin Random House, 1995.

Pinker, Steven. *Los ángeles que llevamos dentro*. Paidós, 2011.

Schäfer, Peter. *Los orígenes de la demonología judía y cristiana*. Cambridge University Press, 2009.

Warner, Marina. *La monstruosidad y el demonio en la cultura contemporánea*. Editorial Akal, 2018.

Žižek, Slavoj. *Sobre la violencia*. Akal, 2008.

3. Recursos digitales y multimedia

«El diablo en la historia», *Podcast de Filosofía Moderna*. Consultado en www.filosofiamoderna.com.

"The Binding of Isaac", *Videojuego*. Edmund McMillen, 2011.

"Supernatural", *Serie de televisión*. The CW Network, 2005-2020.

"Sympathy for the Devil", *The Rolling Stones*, 1968.

GRACIAS POR COMPRAR
ESTE LIBRO.
DESCUBRE MÁS EN
NUESTRA WEB: